JN026379

成功事例から学ぶ！

不動産投資“1棟目”の買い方

「明日やろう」はバカ野郎！

成功は1パターンではない！

株式会社クリスティ 代表取締役
富士企画株式会社 代表取締役
新川義忠

はじめに

本書は、私にとって9冊目となる著書です。
不動産売買の最前線を走り続けて20年。そんな私の経験を出し惜しみなく書き綴り、不動産投資初心者の方に向けて様々な「1棟目の買い方」をご紹介していきます。

不動産投資の手法は複数あり、それぞれメリットとデメリットがありますが、皆さんには自分に合った手法を見つけて不動産投資への第一歩を踏み出してほしいと思います。

なぜなら、不動産投資はこうした本で基礎知識をつけていただくのも大事ですが、実際に経験しないとわからないことがたくさん出てくるからです。

私がお話している内容を含め、誰かのケースが完全に当てはまることはありません。年齢や職業などの属性、資産背景、家族構造、性格・・・住んでいる場所も一人一人異なるので、人によって最適な投資法も変わります。ですから「これが絶対に正しい！」というやり方はないのです。

第1章の最後でご紹介する、今では投資家さんとして著名な3名の方々も、サラリーマンを兼業しながら不動産投資をスタートして、成功や失敗を経験されています。そして、努力の末に10年以上もの長期間を無事安泰（大きな収益を得られて）で過ごされているのです。

よくありがちなのは、初心者が自分と周りを見比べて、自信を失い傷つくことです。どうして比較をしてしまうのかと言えば、不動産が異質な事業だと思われているからではないでしょうか？

サラリーマンが不動産投資を行うときも会社に隠さなければいけなかったり、気楽に友達へ相談できなかったりするので、どうしても不動産投資を行う仲間同士だけで話をする機会が多くなります。

その結果、いろいろな情報が入ってきます。

誰かが真新しい投資法を始めると「これはすごい！」とやってみたくなり、誰かが言った投資法に対して「これもすごい！」と飛びついてしまうのです。

しかし、他人の意見を参考にするのもほどほどにしておかないと、いったい何が正解なのかわからなくなり、いつまで経っても買えない状況に陥りがちです。

その挙げ句、「なぜ私はうまくいかないのだろう？」と悩んでしまい、自分のスタンスを貫くのが難しくなってくるのです。


ただ、どんな投資方法であれ、やらないよりはやったほうがよく、小さくても始めるほうがいいでしょう。特に、不動産投資は致命的な失敗さえしなければ何度でもやり直しがききます。

株や怪しげな投資案件とは違い、不動産は現物があります。そして、よほど辺鄙な場所でもないかぎり価値がゼロになりません。

「今ひとつだな・・・」と期待していない物件でも、家賃を下げれば入居者は付きますし、価格を下げれば売り抜くこともできます。


実は成功している投資家さんも、最初から順風満帆だったわけではありません。「最初の物件は、今なら絶対に購入しなかった」という声をよく聞きます。

それでも成功している理由は、最初の失敗を失敗と認め、その先に進んでいったからです。いくつも物件を買っていくと、1～2割くらいは冴えない物件が出てくるものです。こういう物件は入れ替えて進んでいくしかありません。

こうした失敗があったとしても、前に進んでいけば物件の目利き力が上がるし、リフォームの相場も徐々に把握できます。

やがては自分の得意な投資法も見つかるでしょう。それが武器となり、失敗を容易にカバーできる賃貸経営が実現できるのです。

執筆現在、日経平均株価が史上初めて4万円台の大台を突破、バブルの最高値を更新しました。この株高を加速させているのは、今年から始まった新NISAの影響が大きいと言われています。

これまでのNISAでは「一般NISA」は最長5年、「つみたてNISA」で最長20年と、非課税保有期間が決められていました。

そのため保有期間終了時には投資資産を売却する、または課税口座に移管するかを決める必要もありましたが、新ＮＩＳＡでは非課税保有期間が無期限になりました。これにより期間を気にすることなく運用できるため、この機会に始める方が激増したようです。

一方、「不動産投資で資産運用をしたい！」「個人年金をつくりたい！」という方もとても増えています。

そのため、コロナ過の縮小ムードで下落するのではないかと予測された不動産価格はむしろ上昇に転じています。

コロナ禍が過ぎた今は、一般的な住居系不動産投資だけでなく、インバウンド需要が戻り収益物件を借りて民泊を行う人、購入した物件を民泊として運営したい人も増えています。

つまり、現在の市況は、誰もが欲しがる理想的な物件を簡単に買えるような状況ではありません。

そこで、「どうやったら不動産投資を始められるか」の答えを出すために本書を執筆しました。

本書の特徴は、類書にない「リアルな売買現場」から、本当の成功手法を考察する内容になっている点です。

特に第1章では、不動産投資の書籍やセミナーで常識とされている事柄と、実際の現場での状況を比較・検証しているので驚かれる方も多いかと思います。

また、1章のコラム「常識破りのやり方」で成功された不動産投資家さんの紹介をしていますので、こちらも刮目してください。

もちろん、初心者の方のために不動産投資のステップも掲載しています。

第2章で不動産投資の流れ、第3章では不動産融資のイロハと、必ず知っておきたい基本的な内容を書かせていただきました。

そして第4章からは、戸建て投資、中古区分マンション、一棟アパート・マンションなど、物件種別ごとにノウハウを記載しました。そのすべてに、これまで私や私の経営する会社が関わった5000件以上の不動産売買の中でも、わかりやすい成功事例を紹介しています。

それも高い能力のある投資家さんの手によって生み出された超高利回り物件ではなく、やる気さえあれば購入できる現実的な物件ばかりです。

収益物件の売買に携わって20年以上が経ち、投資ノウハウもかなり増えてきました。しかし、根っこの部分は20年間同じです。成功ポイント、失敗しないために気を付けるポイントも、何一つ変わってはいません。しかし初心者の方は、溢れる情報や時代ごとに進化するノウハウに翻弄されることも多いでしょう。

なかなか投資物件を買えない方や不安な方は、少し視点を変えてみてください。不動産投資には、まだまだ多くの種別、融資の受け方、買い方、リスクヘッジの手法があります。

本書が、そんな皆さんの最初の一歩を踏み出すきっかけになればと願っています。

新川　義忠

◆目次◆

第3章 長く成功するための「1棟目での融資」の受け方

第4章　現金中心ではじめるなら「戸建て」投資

第5章　意外と選択肢が多い「区分マンション」投資

第6章 融資が使えるなら一棟物件（アパート・マンション）投資

第7章 先を考えて「出口戦略（売却）」も知っておこう

第1章

“不動産投資成功”パターンはひとつじゃない！

～「100点満点」にこだわるほど買えなくなる～

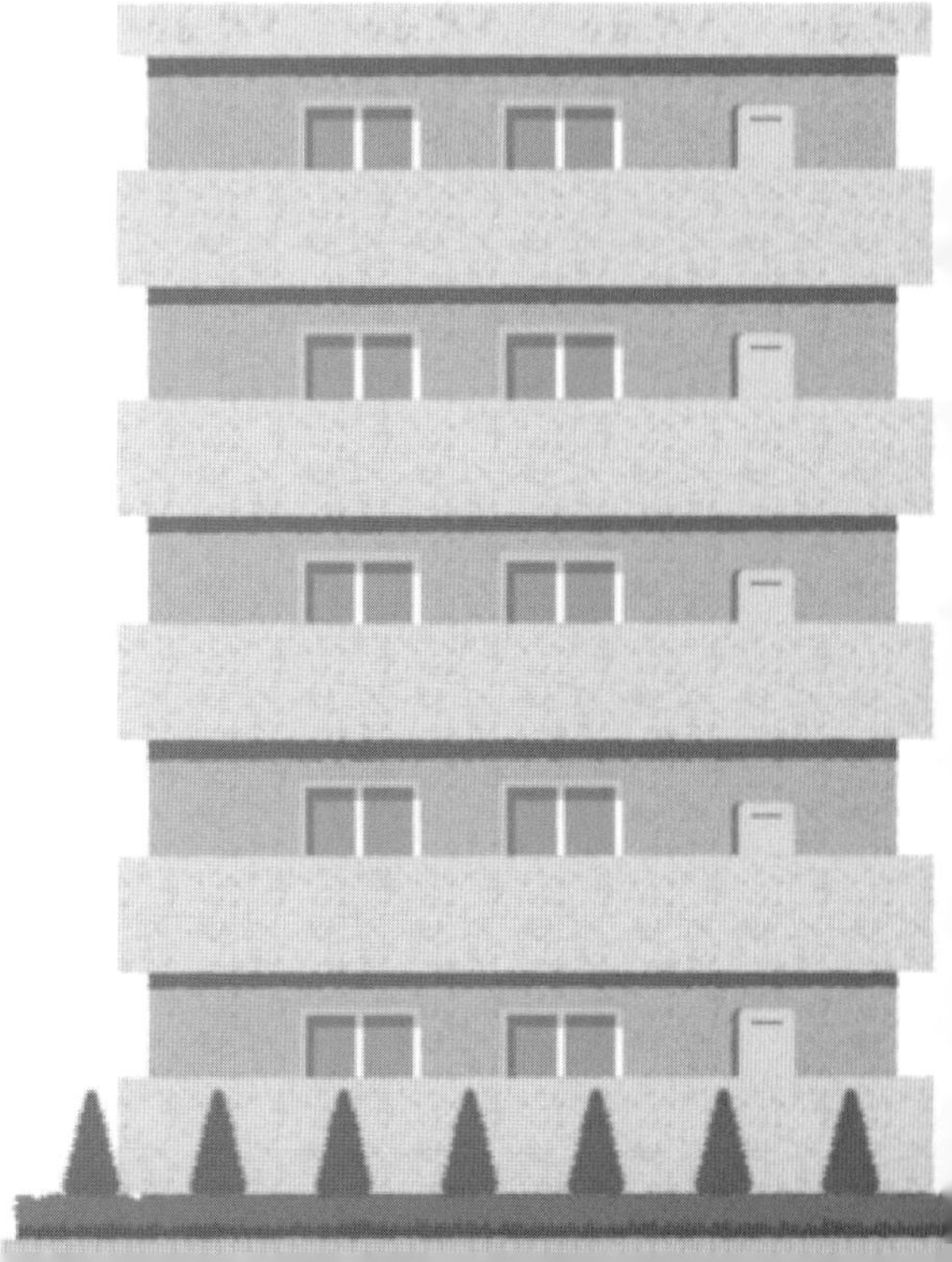

不動産投資には数々の手法があります。

その人の収入や資産だけでなく、求める人生によって、どんな不動産をどのように買っていくかが決まります。

大事なポイントは「100点満点の物件は存在しない」ということ。どれだけ探しても、なかなか見つかりません。

本章では、こだわりすぎて買えなくなってしまっている人に向けて、不動産投資のルールをお伝えします。

利回りにとらわれるな！

不動産投資をこれから始めようとしている人が1棟目の物件を探すとき、利回りにこだわるケースが多いです。よく聞くのが、「アパートなら利回り10％、戸建て投資だったら利回り15％以上はほしい」という声です。

この利回り基準がネックになって、よい物件に巡り合えないのです。

正直言って、利回りを気にしすぎることに意味はありません。

例えば希望していた利回りが10％だったとしても、それより低い利回りの8～9％でもよい物件はあるし、そもそも土地値以下の物件を探すと利回りは低くなるものです。

利回りとは、物件を見つける上での一つの判断基準でしかないのです。

たとえ希望する利回りより低くても、「土地が広くて資産価値が高い」「近隣が発展していて賃貸需要が手堅い」など、物件を見極める判断基準はたくさんあります。

だからこそ利回りだけを見て、「10％以下のものは買わない」という頑なな探し方は絶対に止めるべきです。

利回り10％以上の物件を買いたいと思っていても、例えば「8％以上から」など少し低めの基準から探したほうが、よい物件に巡りあえるチャンスも多くなるのです。

インターネットで検索する場合も、不動産業者さんの営業マンに探してもらうときも、利回りは幅をもって探していったほうが、買える間口は広がるでしょう。

「とにかく高利回りの物件を買いたい！」という相談は本当に多いです。みなさん口をそろえて、「どこでもいいから、とにかく利回りが高い物件がいい！」とお願いされます。

利回りが高い物件には、当然ながらリスクも伴ないます。例えば、人口減少が進んでいる地域では入居の心配が絶えません。そのような場合は、「空室を埋めて満室にするのが難しいかもしれないけれど、それでも大丈夫ですか？」とお伝えしています。

それで不安があるのなら、やはり都心部のほうがよいと思うのです。ただ、都心部になると当然ですが利回りは下がります。高利回りの物件は、

・立地に問題がある
・建物が古くて修繕に大きなお金がかかりそう

といった、ちょっとしたギャンブル要素も入ってくる場合が多いです。だからこそ、利回りが高いのです。

高利回りの物件を求める気持ちはわかるのですが、前述したように10％だった希望利回りを、少し落として「8％の物件でもよい」と妥協すれば、そのぶんだけ運営面での安定が買えるわけです。

都心部の港区など人気エリアになってくると、利回りは5％や4％まで下がります。その代わり、入居者は安定して入ってきますし、資産価値も高くなります。

希望する利回りを上げれば上げるほど、購入した後で「入居者が本当に入るか？」という不安は大きくなるのです。

「どの程度の物件を運営していけば居心地がいいのか」「どのくらいのリスクなら平気なのか」は、その人の資産背景や性格によっても変わってきます。

高利回りの物件を購入していなくても成功している人はたくさんいます。例えば、都内の新築物件で利回り８％など難しいですが、埼玉や千葉まで広げれば８％くらいの物件は見つけられます。

また、利回り７％の物件を購入していたとしても、借入の金利が１％で借りられていたら、これも正解といえます。

逆に利回りが10〜12％の物件でも、金利５％で購入していたらリスクが高まります。

つまり、様々な角度からの検証が大事で、利回りだけでの判断は難しいのです。

あとは土地としての価格が高い、土地値がある物件。こうした物件はどうしても利回りが低くなりがちです。しかし、資産価値は出てきます。

ですから、たとえ利回りが希望していた数字より低くても、資産が増えて金融機関の担保としての評価は伸びるというメリットがあります。

いずれにしても利回りだけにこだわらず、様々な角度から物件を見極めて、自分にとって運営しやすい物件を探していくことをお勧めします。

【事例】

Aさんは利回り8％にこだわり、都内で新築アパートを探していましたが、なかなか該当物件を見つけられませんでした。稀にあっても、狭小で競争力のないアパートだったり、家賃を相場よりも高めに設定していたりと、安心して買えるような物件はありません。

そこでAさんはエリアを埼玉や千葉に広げました。また、利回り基準も「8％前後でOK」とゆるやかにしたところ、千葉で8％の物件が見つかりました。厳しめの家賃査定をした結果、実際の利回りは7・8％で融資条件は金利1・2％となりました。新築で適正家賃ということもあり、安定的に満室稼働を続けています。

物件の大小にとらわれるな！

次は購入物件の大きさや種類についてです。

物件を購入したい方からよく聞くのが、「まずは一棟アパートを買いたい」という声です。

また、初心者の中には「新築のワンルームも家賃保証をしてくれて、手がかからないからラク！」という不動産会社の情報を鵜呑みにして、新築ワンルームを購入している方もいらっしゃいます。

「こんな物件を買うとよい！」と思い込んでしまうのは、不動産投資をするにあたり最初に目に触れた情報による影響が大きいからです。しかし、それが正しいとは一概に言えません。

危険なのは、不動産業者に「将来の年金変わりに不動投資をしませんか？」と営業をかけられたり、職場の先輩から「いい投資先があるよ」と紹介されたりして、不動産投資を深く勉強もせず、そのまま話に乗っかり購入してしまう場合です。

そして意外にも、このようなケースは年収の高い、高属性の人が多いのです。そうした方ほど将来に向けて備えておきたいと考えますから、「資産にもなるし、税金対策にもなりますよ」という不動産業者の営業トークを、そのまま信じて購入してしまいます。

また、高属性の方ほど収入が多いので、もしも不動産でマイナスになれば自分の給与から補填もできるため、リスクを引き受けやすいのです。

一棟物件については、物件選びさえ間違えなければ問題ありません。ただ、「新築がいい」「中古高利回りがいい」と、偏った思い込みで購入するのはリスクがあります。どんな物件でも調べずに購入してしまうと、実際は空室が多かったり、最初に聞いていた家賃では空室を埋められなかったりと、気軽に手を出してはいけない物件であることも多々あるのです。

新築の区分マンションは、事業者と入居者間で結ぶ転貸借契約である、サブリースのケースも多いです。空室であっても家賃収入のあるサブリース契約は、一見すると安心に思えますが、内容を精査すると大家さんに不利なケースが結構あります。

ですから、新築のワンルームマンションを投資で購入するのだけはやめておいたほうがよいでしょう。

今の物件価格だと、新築のマンションでプラスになるのはなかなか難しいです。基本的に借入は入ってきた家賃から返済するのですが、収支がマイナスになっているので、私たち不動産業者が普段扱っている物件からすると、とても考えられない投資方法なのです。

不動産投資は新築の区分マンションだけではありません。他のジャンルも勉強した上で物件を購入してください。

もちろん、すべてのワンルームマンションが失敗しているのかというと、そうではありません。タイミングによっては値上がりするケースもあり、結果的に新築ワンルームでも儲かった人もいます。

しかし、それが今後も起こるとは限りません。甘い話には乗らず、堅実に不動産投資を行うべきです。ただ、中古のワンルームマンションであれば話は変わってきますので、よい物件もあると思います。

もし最初から一棟アパートを購入できるなら、そのほうがよいと思います。

例えば不動産に使えるお金が1000万円ある人がいたとします。300万円程度のワンルームマンションを検討しているなら3件は購入できます。

しかし、同じ1000万円あったとして融資を利用できるのであれば、もっと大きい物件が購入できます。私の基本的な考えとしては、不動産投資を進めていく上ではレバレッジを利かせたほうが家賃収入は上がります。

それでも初心者だと、融資を使って高額な物件を購入するのに抵抗がある人も多いのは事実です。

融資を使って1億円の物件を購入できる場合でも、躊躇してしまう人が多いのです。

そういう方には、もう少し価格の低い3000万円や5000万円クラスの物件をご紹介する流れになります。

ただ、一棟アパートを購入するだけが正解ではないとも思います。中古のワンルームでも戸建てでも、そのやり方でうまくいっている人はたくさんいます。また融資が使えない人は、いきなり一棟アパートを購入するのは現実的ではないでしょう。


両方とも買えるような状態であれば一棟アパートから始めるのがお勧めですが、借り入れが不安な方は、中古ワンルームや戸建から小さく始めてみるのもいいでしょう。中古ワンルームや戸建てなら300万円程度から探せます。

いずれにしても物件の大小にとらわれず、まず自分ができる範囲で始めてみるのが大事です。

【事例】

新築ワンルームマンションを検討しているBさんが、当社へ相談にいらっしゃいました。外資系企業にお勤めで、年収は2000万円あります。

Bさんは不動産業者から「節税対策のため、不動産投資をしませんか？」という営業を受けたそうです。「節税」と「新築」のキーワードに魅かれて契約に進みそうになりましたが、新築ワンルームマンションは家賃収入からローン返済を差し引くと1万円強、さらに管理費・修繕積立金といった経費を引くと月々の収支はマイナスです。

Bさんは「億を超える一棟物件よりは、3000万円のワンルームマンションなど、小さく始めたほうが安全」と考えていましたが、いくら小規模であっても赤字の投資では行う意味がありません。

物件規模ではなく「そもそも収支が合うのか」「満室で経営できるのか」に重点をおくべきでしょう。

立地にとらわれるな！

よく言われるのは「東京都23区内がよい」「駅近がよい」「地方は駐車場がないとダメ」「整形地や角地がよい」です。これについてどう考えたらいいのか、それぞれ解説していきます。

■東京都23区内がよい

立地に関しては「東京都23区で買いたい」「駅から近い物件でないと怖い」、地方であれば「駐車場が必ずないと埋まらないから大変」という声をよく聞きます。

ただ立地に関しても、これが正解とは一概に言えないところです。

例えば「東京都23区で買いたい」と考えていたとしても、実際のところ都内23区と、県境そばの埼玉・千葉・神奈川の物件では、家賃でも資産価値でも大した違いはないのです。

また、「国道16号線の内側がよい」という声も聞きます。これに関してはエリア選びをする上で意味があると思います。なぜなら、国道16号線の内側でなければ融資をしない銀行があるからです。

逆に、「東京23区でなければならない」という定義は何の根拠もありません。何となくまわりの人がそう言っているからだとか、単なるイメージだけの問題に感じられます。

そもそも不動産投資は、物件に入居者がついていればいいのです。そう考えると、埼玉でも千葉でも神奈川にだってたくさんの人が住んでいます。ですから、23区にこだわる必要はありません。

■駅近がよい

立地という点では、駅からの距離を気にされる方も多いです。

例えば大宮駅近くでワンルームの家賃が5万円として、駅から20分離れると家賃は4万円くらいに下がります。

じつは駅から離れていても1万円くらいしか違わないのです。これが土地の坪単価で比較すると、一坪につき何十万円も変わります。駅から離れるほど安く購入できるのです。

大宮駅まで20分の場所でも、自転車を利用すれば10分もかからず不便ではありません。また、バスが便利に使える地域もあります。

その結果、入居付けもあまり心配する必要はありません。これはエリアにもよりますが、駅からの距離も幅をもって探したほうがよい物件に出会える確率は高くなります。

■地方は駐車場がないとダメ

駐車場に関しては、地方にいくほどあったほうが優位といえるでしょう。

ただ、もし物件に駐車場がなかったとしても隣の空き地や近くの駐車場を借りられるなら、それでもよいのです。

むしろ物件に駐車場があるよりも、近隣で駐車場を用意できるほうが購入価格を抑えられるので結果的に利回りは上がります。

隣地に駐車場が確保できれば車を止められない不便さは解消され、入居付けに問題ないのでよい方法だと思います。

■整形地や角地がよい

場所選びでは地型も気にされる方がいます。もちろん整形地や角地のほうが土地としては使いやすいです。ただ、整形地と旗竿地（竿につけた旗のような形状をしている土地）なら、旗竿地のほうが価格は安いです。そして旗竿地だからといって家賃はほとんど変わりません。結果的に旗竿地のほうが利回りは高くなります。

不動産の土地の値段は、南・南東を向く土地が高くなります。だからといってワンルームのマンション、もしくはアパートを作るとすれば、日当たりが悪くても満室にするのにあまり問題はありません。

そして、どんな土地でも建築費は一緒なのです。そのため、同じ時期に隣り合わせの場所に建物を2つ建てても、南・南東の土地よりは、北・北東側の土地で建てたほうが土地値は安くなり、これもまた結果的に利回りも高くなります。

【事例】


Cさんは「できるだけ駅近の物件を買いたい」と考えていましたが、駅から近い物件の価格は高く、なかなか折り合いませんでした。

そこで駅から徒歩20分程度まで広げました。その結果、バス便で駅まで5分のアパートを買うことができました。バス停までは徒歩1分内にあり、バスは1時間に6本もあるので不便を感じません。また、駐車場はありませんが近隣で貸しており、駐輪のスペースも広々としています。

安く買えたぶんだけ家賃をお手頃に設定したところ常に満室で、空室が出ても1週間以内に申込が入る人気アパートになりました。

築年数にとらわれるな！

購入する物件の築年数の希望でよくあるのが、木造22年以内、ＲＣ47年以内の法定耐用年数以内の物件がよいという意見です。

理由としては築年数がそれ以上になってしまうと、銀行からの融資が引きにくくなるからです。もちろん、物件の購入は融資ありきなので、築年数の規定がある銀行でしか融資を組めないのであれば、そうするしかないと思います。

ただ、法定年数を超えていたとしても、融資をしてくれる銀行を見つければ購入できる物件の間口はぐんと広がってくるのです。

例えば、築47年のマンションはボロボロで住めないのかといえば、そんなことはありません。しっかりメンテナンスさえしていれば、まだまだ住み続けられます。法律で決められた法定耐用年数と、実際に物件が使える経済的耐用年数には乖離があります。

そこを理解してくれる金融機関が見つかれば、法定耐用年数を超えた物件でも購入できるのです。

そもそも「アパートローン」は、新築を建てるための商品として銀行が開発した商品です。中古アパートを扱う商品ではないから、残存期間のない物件には融資が難しくなります。

それと築年数に関しては、「平成に建てられたものがよい」という声もよく聞きますが、これもイメージだけのような気がします。

なぜなら、「平成築なら買います」と言っていたのに、築年数が35年と分かるや「え〜、古い！」と急に嫌がる方も多いからです。

ただし売却を考えると、昭和築の物件は早めに売却したほうがよいと思います。今はまだ昭和築の物件でも取引はありますが、いずれ売りづらくなる時が訪れるでしょう。

一方で、すべての昭和築物件がダメではありません。

昭和といっても平成元年と昭和63年を比べた場合、たった1年しか築年数は変わりません。古さのリスクが取れるほど安い物件があれば、昭和の物件でもよいと思います。

ただし融資を使う場合は、耐用年数を過ぎた物件でも融資が出るのかは銀行によっても、その人の属性によっても変わってきます。個人の属性に頼るなら、年収700万円以上という金融機関が多いので、ひとつの目安になってきます。その人の資産背景も銀行にチェックされますので、ご自身に合った金融機関を探す必要があります。

【事例】

Dさんは銀行融資を考え、また、建物が古すぎると修繕のリスクが高まる可能性もあるため、法定耐用年数が10年以上残る物件を探していました。

こうなると地方の物件でもなかなか出てきません。そもそも売却を考える物件に、築年数が浅い物件の絶対数が少ないのです。

そこで「耐用年数オーバーでもいいから融資がつく物件」と条件を変えたところ、築32年でフルリフォーム済の木造アパートを購入できました。

法定耐用年数から10年経っていますが、大規模修繕済で建物は非常にキレイです。また、土地値のある物件でしたので融資をつけられました。

融資額（金利）にとらわれるな！

ひと昔前にはオーバーローンやフルローンが流行った時期もあり、「物件を買い続けるためには自己資金を残しておくのが大前提」という考え方がありました。

ですから、「極力お金を借りたい」という意見はわからないでもないですが、どこかで必ず現金は使うものです。

オーバーローンやフルローンにすると返済額が多くなるので、返済比率のバランスが悪くなるのです。だからこそ、私はオーバーローンが通りやすい時代から、「現金で1割くらいは入れたほうがいい」という話をずっとしていました。


オーバーローンは見た目のお金は減っていないけれど、じつは借金が不動産という形に替わっているだけなので、そこは返さなければいけません。くわえてオーバーローンで買っている人たちは返済がなかなか進みません。

古い物件を購入した人のほとんどは減価償却が終わり、長期譲渡となる5年くらい保有した後に売却を考えます。

では5年経った後、いくらで売ろうかと考えたときに、残債がまったく減っておらず、「これでは売れない・・・」となる場合があります。

フルローン・オーバーローンで借りられるのであればそれもよいのですが、その物件をいつ、どのような方法で売却するのかを考えながら借りたほうがよいと思います。

とはいえ、どんな場合でも収支のバランスが合っていれば問題ないでしょう。個人的な意見としては、オーバーローンではなく、フルローンくらいにしたほうがよいと思います。

銀行にフルローンで融資を受けられる属性の目安ですが、年収は高いに越したことはありません。個人で年収700万円以上が基準になるケースが多いです。そして、じつは法人より個人のほうが借りやすいです。

法人は融資する銀行と、しない銀行があります。また、自営業の人とサラリーマンが法人を立てた場合によってもどの様に融資が出るかは変わってきます。

比較的、サラリーマンが物件を購入するための法人を立てて融資を引くほうが、融資は通りやすいです。

結局、融資が受けられるかという問題は、銀行それぞれの基準と、その人の資産背景によるのです。個人のほうが受け入れ窓口が多いとは言えます。

自営業に関しては、融資が厳しいというのが一般的ではあります。個人事業主は、経費率を多くして所得を抑えている場合もあり、銀行からすると融資がしにくいものです。

しかし、そこを踏まえて検討してくれる銀行もありますし、同じ銀行でも支店によって融資をしてくれるか、くれないかが変わってくる場合もあります。


融資の金利に関しては低いほうがよいですが、これもケースバイケースです。

今の住宅ローンの金利でいえば、値上がり基調とはいえ、2024年の現在でも1%以下を切っている場合が多いです。

ただ、不動産投資の世界だと、高い銀行では4%台にもなります。それを家族や同僚に話したときに、「こんな金利で何千万~何億円も借りて、何十年も返済をするなんて!」と猛反対されるケースが多いのです。


確かに金利だけで見ると1%と2%では倍違うし、1%と4%になると4倍も違うので返済額は高くなります。

ただ、実際の返済額で見たらそんなに差はありません。大事なのは、購入した物件の利回りと融資の金利との差（イールドギャップ）です。

例えば、利回り10％の物件に対して金利4％の融資を引いたら、その差額であるイールドギャップは6％になります。たとえ利回り7％でも、金利1％で買っておけば同じくイールドギャップは6％になるのです。

ですから、もし高い金利でしか融資が受けられないのであれば、利回りが高い物件を購入すればよいだけです。

もしも高い金利で融資を受けても、融資してもらう年数が長ければ、家賃からローンを返して経費を払ってもきちんと利益が残ります。大事なのは収支が合っていて損をしない、つまり経営がきちんとうまくいくかということだと思います。

【事例】

一般的に自営業の人は融資が厳しくなると言われています。ただ、中にはそれでも融資を出してくれる銀行もあるのです。

埼玉県川口市で自営業をしているEさんは、同じ川口市内で一棟マンションを購入したいという希望がありました。

最初は取引のあるメガバンクに話をもっていったところ断られ、続いて地銀に話をしたら頭金が3割必要と言われました。

あきらめかけていたところ、埼玉縣信用金庫でフルローンが出ました。

信用金庫や信用組合は地域密着のため、地元の人に優位です。とくに住んでいる場所、自営業のエリア、不動産投資のエリアが近いとより優位です。

また地方では、比較的経済が疲弊している背景もあり、その町で事業を営む者に対しては、前向きにバックアップして応援するスタンスの銀行もあります。

ただ、これも金融機関や支店によって変わります。サラリーマン向けのアパートローンと違い、金利条件や融資年数もその人によって変わります。

そういう意味では、いろいろな銀行へ融資が出るのかを打診するのは大事です。銀行は、「この人にお金を貸しても返してくれるか？」という、ただそれだけを見ています。それを総合的に判断しているのです。

サラリーマンの方が不動産で融資を引く場合も、副業で始めるスタンスよりは、事業として向き合っている部分をアピールしたほうがよい場合も多いと思います。

新川義忠が購入＆運営する「型破り」不動産投資事例！

ここからは、私が実際に行っている不動産投資をいくつか紹介します。

サラリーマン投資家さんとは少し違った視点で物件選定やローンの組み方をしていますが、とくにお勧めするわけではなく「こういった選び方・買い方もあるということを知っていただきたいです。

繰り返しになりますが、不動産投資には「絶対に○○しなくてはいけない」というルールはなく、正解が幾通りもあります。ですから、まずはさまざまな手法を知ってもらい、自分に適した道を歩んでいただけたらと考えています。

■融資期間7年の千葉県一宮町のアパート

物件購入の返済比率も、一応は見たほうがいいのが正論ではあります。しかし、それも一概には言えないのです。私の購入した物件には返済比率100%という物件もあります。

2017年に購入した千葉県一宮市の一棟アパートがまさにそのケースでした。海が近いので入居者にサーファーが多く、サーファーズアパートのようになっています。

この物件に対しては、埼玉りそな銀行で融資をしてもらったのですが、都市銀行は法定耐用年数の築年数22年までしか融資を受けられないこともあり、返済期間が7年と非常に短くなってしまいました。

この物件は毎月家賃収入が40万円入って、40万円を返しています。返済比率は100

%なので手残りはありません。ただ、そのぶん返済もどんどん進むのはメリットです。そして、あと数カ月で返済も終わります。ローンが終わると丸ごと収益が残るのです。

こうした物件の場合、何かトラブルが起こって修繕費が20～30万円もかかったらマイナスになるのでは・・・と心配される意見もあります。

しかし、それは自分の給与から補えばよいと思っています。逆に補えないのなら、こうした物件の購入はやめたほうがいいでしょう。

たとえマイナスになる分をご自身の給与で補えなくても、他に収益物件をたくさん持っていたのなら、そこからの収益で補えればよいのです。ですから、一つの物件でマイナスになったところで大した問題ではありません。

しかもローンの返済期間が短い物件の場合、あっという間に返済が終わり、無担保物件ができ上がります。それを担保に入れて、新たな物件を買い足すこともできるのです。

■リフォームで蘇った千葉県九十九里町の2棟アパート

次の事例は、千葉県にある2世帯と8世帯の2棟のアパートです。同じ市内にあり、ほぼ同時期に購入しました。どちらも全空でボロボロだった物件です。リフォーム費用は相当かけています。

この物件は、空室が多く地元の管理会社には運営していくのは無理なので、「いくらでもいいから買ってくれないか」と言われて購入したものです。そのため2棟とも、数百万円で購入しました。

全空となる原因も一目瞭然でした。お客さんが入っていないためオーナーもお金がかけられず、ほったらかしになっていたのです。階段は両方とも朽ちており、ガラス窓も割れていました。地元の管理会社からは、「もうこの物件には入居者を入れるのは無理ですよ」と匙を投げられていたのです。

そんな状態から、かなりのお金をかけてリフォームし、最終的には地元の業者が満室にしてくれました。

本来であればオーナーが自力でお金をかけてキレイにすれば、空室を埋めて満室にして復活できるという事例です。

しかし、リフォームや客付けにオーナーがお金をかけることができなければ、結局はボロボロの全空となり、誰も買わないので業者に安く買われてしまいます。

こういった物件は結果的に利回りが高くなりますが、初心者には難しいと思います。

リスクの高い物件は、他の物件からある程度の安定した収益があり、余裕がある状態でチャレンジしていくのがよいでしょう。

Before

After

Before

After

■静岡県伊豆市の戸建てを貸別荘に

最後にご紹介するのは、静岡県伊豆市の別荘物件です。建設会社の社長が別荘として使っていたもので、元の持ち主から相続人が受け取ったものを購入しました。

建物自体は海に面して景観もよく、建設会社が建てただけあり立派なつくりでしたが、しばらく放置されていたため潮風でボロボロ、雨漏りもありました。

相続された方が、「持っていても大変だからいらない」というので、安くなったところを購入したのです。

この物件は安価でリフォームして大人気の貸別荘として蘇りました。

おおよそですが、年間1000万円の売上があります。管理は完全に人任せなので、その手数料として売上の約半分程度は支払っていますが、それでも十分に利益が出ていますし手間もかかりません。

コラム

10年超え
成功者たちから聞いた！

「1棟目を買った思い出と長く安定的に続けられたコツ」

年収400万円からFIRE！DIYで高利回りに仕上げた戸建て
松田 淳 さん

区分マンションをコツコツと60室！還暦まで働き給料を得続ける、現金投資術
芦沢 晃 さん

属性を活かして融資で買い増す！地方高利回りの築古アパートで規模拡大
中島 亮 さん

年収400万円からFIRE！DIYで高利回りに仕上げた戸建て

松田《まつだ》 淳《じゅん》さん

● プロフィール ●

ホームセンター勤務時代に年収400万円台ながらアパート経営と巡り合い、わずか数年で約3億円の収益不動産を購入、30歳そこそこで会社を辞めて「経済的自由」を実現してFIRE達成。巧みなセルフリフォームでの物件再生に定評がある。現在はアパート6棟、マンション1棟、戸建て6戸を所有。著書に『元手300万円で資産を永遠に増やし続ける方法』（ぱる出版）。

★満室経営新聞プレミアム（https://premiere-toushi.com/shinbun/）にてコラム連載中。

【埼玉県比企郡小川町の戸建】
100万円で購入し、駐車スペースを4台停められるようにリフォーム

【栃木県宇都宮市のマンション】
年収400万円のサラリーマン時代に購入した1億円越えの物件。1K×32戸

【埼玉県川口市の戸建】
昭和39年築だが、平成にリフォーム歴のある戸建を330万円で購入

【茨城県下妻市のアパート】
競売で433万円9999円で落札した1K10世帯アパート

不動産投資を知って「これだ！」と確信

新川　まず不動産投資を始めたきっかけを教えてください。

松田　私の家は子どものころ裕福ではなく、漠然とお金持ちになりたかったんです。芸能人はお金持ちだろうと想像し、役者を目指して芸能学校に入りレッスンを受けました。しかし、とても厳しい世界なので諦めて地道に働こうと、もともと好きだったホームセンターに中途採用で就職しました。

ところがホームセンターは給料が安く、8年間勤務しても手取りはたった19万円。これでは生きていくのが精いっぱいで、お金持ちになれるわけがありません。

そんなとき姉から紹介されたのが、ロバート・キヨサキ著『金持ち父さん 貧乏父さん』でした。さっそく読んで株投資をやってみたけれど、値動きを見て売買する作業は、お金も時間もない私には向いていません。

そうこうするうちに巡り会えたのが、2003年に出版された山田里志さんの『〈実録〉サラリーマンの私にもできた！ アパート・マンション経営』（かんき出版）です。読んでみて「これだ！」と確信しました。

新川　本で不動産投資を知ったのですね。

松田　はい。それまでの私は、家賃収入なんて新築のアパートを建てるようなお金持ちだけが得られるもの、と思いこんでいたのです。

しかし、その山田さんの本には「中古アパートのオーナーチェンジを買えば簡単に家賃が手に入る」と書いてありました。家賃収入から返済を引いても、半分は手残りになる。それがどんどん貯まっていくというのです。

私は最後まで読み終わる前に、そのころ新川さんが勤めていた不動産会社『クリスティ』

へ連絡をしていました。

新川　初めて購入した物件は？

松田　埼玉県入間郡毛呂山町にある1K×4戸、利回り17％、950万円のアパートです。これなら少ない資金でも始めやすいと思いました。

さっそく融資条件付きで契約したのですが、当時はまだサラリーマン向けのアパートローンがない時代で、どこの銀行からも借りることができません。

そんな時に助け舟があって、クリスティの営業担当の山脇さんから紹介してもらった武蔵野銀行が、金利1・7％の30年融資を出してくれました。頭金250万円は株で儲けた資金です。こうして2004年9月、最初の投資物件を手に入れることができました。このアパートは今でも記念として持っています。

当時はろくに周辺の調査や家賃相場も調べませんでした。「町に人が住んでいるから心配ないだろう」と、深く考えずに買ってしまったのです。それでも銀行への月々の返済が2万5000円だから、1人でも入居してくれたらローンを返していけるし、2人以上が入居すればキャッシュフローが残ります。

この頃は、そのような良い条件で買える物件もまだありました。だからこそ、初心者の私でも抵抗なく不動産投資が始められたのです。

330万円で買って8万4000円で賃貸

新川　最近はどのような物件を購入しましたか？

松田　埼玉県川口市安行領根岸で5DKの戸建を330万円で買いました。家賃は8万4000円です。壁紙などのDIYは自分でもできますがプロに頼みました。

というのも最近では市販の壁紙の値段も4

割ほど上がっているため、自分で壁紙を貼るのと、業者さんにお任せするのとでは価格的に以前と比べて差がなくなっています。だから時間がかかる壁紙などは外注するのも一つの方法です。

ただし換気扇、混合栓などの設備は自分で交換するのが時間もかからず安く済みます。

建物の現状を見極めるのが大事

新川　リフォーム以外のコストカットで何かよい方法はありますか？

松田　家の状態をよく見ること。いい状態の家を買えばリフォーム費用が掛かりませんから、そういう物件を見極められるといいでしょう。

室内の状態は「古い物件だからダメ」ということはありません。古ければ途中でリフォームをしている物件もあるので、大きな費用が掛からない場合があります。築年数よりも現状がどうなっているのか？　リフォームのしやすさで物件を見ています。

新川　不動産投資を勉強するために、お勧めの方法はありますか？

松田　本やネットで知識を入れるのも一つの方法ですが、やはり経験に勝るものはありません。始めから苦労しないでやろうとすること自体が間違いです。

不動産を購入するのに不安がある人は、最初は小さい物件でもいいから失敗を恐れずに購入してみましょう。その物件の空室を埋めるためにリフォームをしたり、不動産業者を回ったり、とにかくコツコツと大家業を始めることが大事です。

新川　松田さんが今、初心者だったらどんな物件を買いますか？

松田　やはり戸建てです。遠いと通うのが大変なので、なるべく近い物件が良いと思います。自分でDIYをしてなるべくお金をかけず、時間をかけてでも仕上げます。

　田舎の戸建てなら安い物件があるので、そんな戸建てを教材として購入するのもいい。私は平成築以降や昭和でも新しめの物件を購入します。

まずはチャレンジしてみよう！

新川　最後に、これから始める人へアドバイスをお願いします。

松田　向き不向きはあるけれど、物件を手に入れることによりいろいろ経験できます。一つの物件を購入して、それを貸し出すところまでやり抜けば、かなり意識が変わるはず。

　不動産投資は体験しないと分からないことだらけなので、まずは何かやってみる気持ちが大切。リスクは怖いと思いますが、最初から全てを把握することなど不可能です。

新川　たしかに行動しないとわかりませんね。

松田　例えば300万円で購入した物件に、リフォーム代を300万円かけたとしても、それは一つの経験になります。

　そうすれば次の物件を購入するとき、「300万円でもリフォームにお金がかかりそうな物件なら、450万円のリフォーム済みの物件を買おう」といった目利き力が養われます。

　また、そうやってやり抜いた後の、毎月の家賃5万円はすごくありがたみがあります。おそらく、すぐ「次の物件が欲しい！」となると思います。

「どんな物件が欲しいのか」という感覚も、その頃には芽生えています。そうやって、どんどん買っていける思考になっていくのです。

新川　同感です。不動産投資を始めるのに必要なのは、知識やテクニックだけではありません。大事なのは情熱。「家賃収入を得よう！」という強い意志さえあれば始められます。そして実際にやってみると、思ったほど難しいものではありません。

どうしても頭だけで考えてしまう人は、単純なことでも難しく捉えがち。自分で難しいものにしているんです。

例えば日本の人口が減っているなど、始める前からマイナス面ばかり見ていたら、どんな物件も買えません。大事なのはその物件を購入したときに、いくら家賃収入が入ってきて、いくら返済して、手残りはいくらなのか、このシンプルな考え方だけで十分だと言えるでしょう。

松田　世の中にキャッシュフローを得るための仕組みはいろいろありますが、その中でも不動産投資は昔から変わらず安定した投資法です。

昔の長屋の大家さんと店子の時代から、あまり変わっていません。だからこそ、自分が動けばキャッシュフローを安定的に増やすことができます。

新川　本当にその通りですね。本日はありがとうございました。

区分マンションをコツコツと60室！還暦まで働き給料を得続ける、現金投資術

芦沢《あしざわ》 晃《あきら》 さん

● プロフィール ●

還暦まで大手理系企業でサラリーマンを続けた兼業大家。東京城西、城南、京浜地区（川崎、横浜沿岸部）、埼玉（南部）を中心に区分分譲マンションを58棟、60室賃貸運営中。『〈最新版〉少額現金ではじめる！「中古1Rマンション」堅実投資術』（ごま書房新社）など著書10作。

★国内最大級の不動産投資と収益物件の情報サイト『健美家』にて人気コラムを連載中。
https://www.kenbiya.com/ar/cl/asizawa/

退去時
（昭和の団地イメージ）

原状回復・募集時（令和の分譲タイプが目標）

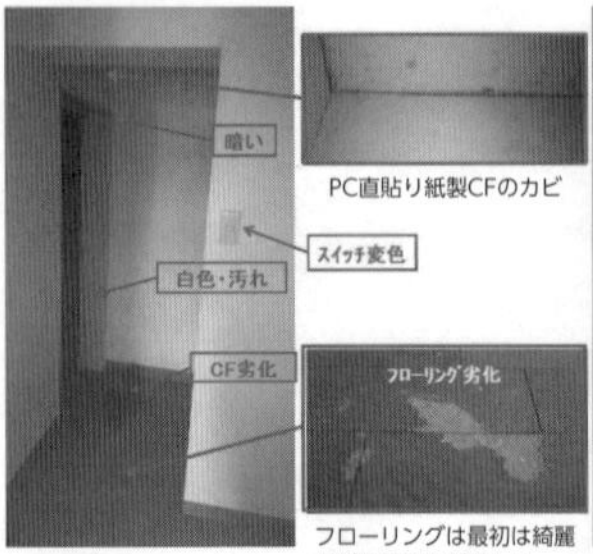

PC直貼り紙製CFのカビ
フローリングは最初は綺麗だが経年劣化が激しい
退去時
（劣化が著しい）

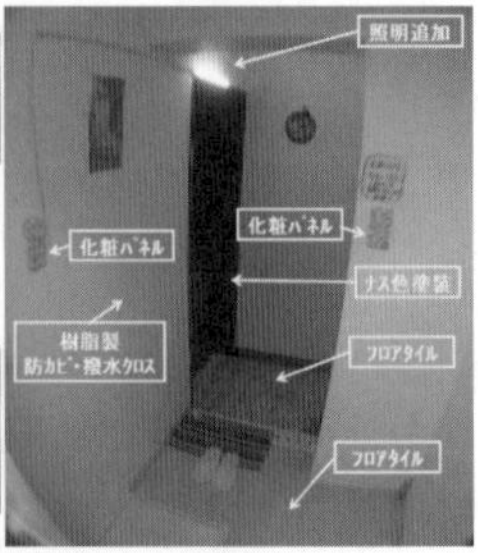

原状回復・募集時
（次の退去時劣化迄考慮した仕様）

初めての投資は株と債券

新川　芦沢さんが不動産投資を始めたきっかけを教えてください。

芦沢　私が30代の後半は、ちょうどバブル景気のピークでした。その頃に3000万円する自宅マンションを、1500万円の住宅ローンを組んで買ったのです。

でも、しばらく所有したあとで売却しようとしたら、購入価格の3分の1に値下がりして1000万円でも売れませんでした。

新川　不動産を購入したのは、最初から資産運用を計画していたからですか？

芦沢　資産運用としては、社会人になったと同時に株と債券を始めました。株は、いわゆる「累投」という積立投資です。

まだまだ個人が外国への投資を禁止されていた時代で、日本で投資できるのは不動産と株と債券しかありません。そのころの日本は経済的に鎖国状態でした。「公社債」というのがあり、それを買っていたんです。

不動産を始めたのは投資でも最後です。25歳で就職してから10年くらい、株と債券に投資して自己資金を作りました。ちょうどバブル経済のまっただ中。どんどん土地も高騰しているので慌ててマイホームを買ったんです。

家計のために不動産投資を開始

新川　1戸目は投資用ではなく、マイホームだったのですね。2戸目の購入物件は投資用ですか？

芦沢　最初に自宅として購入した物件は、人に貸せば家賃でローンが返せるつもりで買ったんです。でも、予想以上に運営コストで費用がかかり、家賃だけではローンが返済できず、自分の給与から手出しする形になってしまいました。

何とかして家計に毎月お金が入るようにしなければ破産してしまう・・・。それでマンション投資の勉強を始めました。

私たち昭和世代にとって、今のロバート・キヨサキさんのような存在である邱永漢（きゅうえいかん）先生の本がバイブル。そこから「人に貸せば家賃が入る！」と学び、2戸目は投資用ワンルームを買うことにしたんです。

新川　不動産投資を進めていくうえで、苦労した点はありましたか？

芦沢　入居者に夜逃げされました。最初の物件の空室を埋めるための入居づけのとき、素人大家だからどうしていいのか分からなかったんです。当時はまだミニミニやエイブルといった、チェーン店系の不動産会社もありません。

そこで、とある不動産屋さんに「マンションを貸したいのですが・・・」と飛び込んだところ、「いいよ。俺んとこで面倒見てやる！」と入居づけしてくれました。でも、その後、入居者に夜逃げされてしまったんです。

結果的にその物件は入居づけしてくれた不動産会社の親父さんが、「いや～悪いな。俺のとこでつけた客が逃げちゃって申し訳ない」と、荷物の運び出しから全部やってくれました。普通なら家主代行契約を結ばないとそこまでやってくれないので、今ではとても考えられないことです。

その他、空室がなかなか埋まらなくてペット可にしたら、犬を飼っている人が入り、部屋の中をボロボロにされたことがありました。

当時は敷金の扱いや破損の請求という知識がなかったので、そのまま普通に退去されてしまいました。現状では賃貸に出せないから、そこでリノベーションを取り入れたんです。

そういう意味でも1室目は実験台として勉強になりました。

区分マンションの選び方

新川　区分マンションを安く買うコツや、購入エリアについての考え方を教えてください。

芦沢　物件を買うときは自分の手法に合っている選び方をします。私は買った物件の価格を家賃だけで10年ほどで元をとり、その後は貸し続けることを考えています。

　ですから、それに適う物件を探しますね。そうすると自然と利回り10％以上になりますから、山手線の内側なんて絶対に買えるはずがありません。

　それなら地方はどうかといえば、東京から離れた郊外や、埼玉でも北部のワンルームなら、家賃2万円台で利回り20％の物件がいくらでもあります。

　ただし家賃が2万円だと、管理費と修繕積立金を払って退去でリフォームすると、家賃を経費で使い切ってしまいキャッシュフローは何も残りません。

　それを考えると必然的にエリアも絞られます。山手線の外側周辺は家賃が2倍以上します。家賃5万円なら10年で元が取れるとなれば、毎月の家賃の１００倍、つまり５００万円ほどで買える物件しかなくなってきます。

　しかし、途中で売ることを前提に買う人なら、利回りの低い山手線の内側の物件でもＯＫです。１円もキャッシュフローは出ないけれど収支がトントンで、最後に2倍で売れて利益が確定できるなら、山手線の内側で利回りの低い物件もありでしょう。

新川　利回りが良い物件は安く買うか家賃を上げるしかないのですが、物件が安く出てくるのはどんなタイミングでしょうか？

芦沢　株は一物一価ですが、不動産は一物多価です。人対人で取引されるので、流れてくるルートを作るのが先です。みなさんは先に物件を探すのですが、物件を探す前に人を探す、人脈を作ることが大事です。

だから私は新川さんと仲良くさせていただき、「芦沢だったら、売った後にクレームもないだろう」「この物件なら、芦沢の力量で運営できるからお勧めしても平気だな」と全部わかっていただける関係を築きます。

そういう関係を築くと、自然に物件が流れてくるルートができます。それには、まず信頼関係を築いて取引をする。鶏が先か卵が先かですが、相手もビジネスで成約してナンボの世界ですからね。

ただ、区分物件の場合は会社の流動が激しい。すごくいい会社だったのが、残念な会社になっていくケースもあります。声だけはかけておいて、上手く紹介があったところと取引していくのが一番いいですね。

まずは本業以外の定期収入を作ろう

新川　これから不動産投資を始める読者へのアドバイスをお願いします。

芦沢　今までの日本の30年は、ゼロ金利で地価は下がる、世界的にも極めて異常でした。戦後から高度経済成長を遂げ、バブルが崩壊し、今回で3回目の大きな変化を迎えています。

これから不動産を買う方は不動産だけを見るのではなく、資産全体のポートフォリオを見ていただきたい。日本は外資で世の中が動き、金利が付くインフレ時代に突入しました。

まず、何が強いかといえば本業です。それにくわえ金額の多い少ないはともかく、本業以外で定期的にキャッシュが入ってくる、自分の人的資本を活かせる何かを持ってほしいです。ネットビジネスや個人事業でもかまわないのですが、まずは自分の体、自分の才能、自分の人的資本を活かして定期収入を作るのが基本です。

それで資金の源流を確保したら、今度は不動産と証券類を両睨みで平行して見ながら投資していってほしいです。

新川　不動産だけでなく資産全体を見ながら投資をしていく姿勢が大事なのですね。

最近、マイホーム用に貯めていたお金を投資に回したいという人も増えてきました。例えば１０００万円や２０００万円を持っていたら、最初はどれくらいの割合で投資をしていけばいいですか？

芦沢　自分の家＋ワンルームが２戸くらいの賃貸併用住宅を建てる手もありますね。ただ、そのときも手持ちのキャッシュの全額は使わないようにします。住宅ローンなので与信は棄損しますから今後の拡大戦略によります。

私の場合は全財産が３０００万円。うち１５００万円でローンを組み、残りの１５００万円は手元に残して３０００万円の物件を買っています。

今考えると、手元に残した１５００万円が活きて命綱になりました。手元にキャッシュを残すのは大切ですね。

新川　いきなり全財産を投資するのはたしかにリスクですね。貴重なお話をありがとうございました。

属性を活かして融資で買い増す！地方高利回りの築古アパートで規模拡大

中島《なかしま》 亮《りょう》 さん

● プロフィール ●

中央大学法学部卒。法務博士・宅建士・重機資格。主に地方高利回（利回15〜32%）の一棟アパートを購入する不動産投資家。

サラリーマン15年目にアパート投資を開始。その後、6年間で10棟93戸を購入して退職。現在、27箇所40棟405戸を所有。年間賃料1億8000万円超え。キャッシュフローは実質5000万円を超えている。著書に『地方一棟投資のススメ 生涯年収を増やして豊かな人生に』(合同フォレスト)、『手取り「年収1000万円」を目指すサラリーマン不動産投資術〜絶対地方高利回り主義！』（ごま書房新社）がある。

★国内最大の不動産投資サイト「楽待」にて人気動画、コラム配信中。
https://www.rakumachi.jp/news/video/332745

【神奈川県川崎市生田に5420万円の戸建と2400万円のアパートを新築】
母屋が端にあるマイホームを購入し、アパートを新築。これにより月36万円の家賃収入に対してローン24万円を支払い、月12万円の収益を得ることができた

【茨城県築西市（下館） 3100万円 利回り17.87% 重量鉄骨】
新川さんから最初に紹介された思い出の物件。その後、20年間でCF約3700万円を生み出し、現在も月15万円が儲かっている

Before

After

リフォームに8カ月かけ、購入から1年で満室へ。リフォーム費用2000万円を含めた利回りは32%（家賃年収は1000万円以上）。14年後の現在までに累計CF8000万円となっている

きっかけはマイホームの買い替え

新川　中島さんが不動産投資を始めたきっかけは？

中島　川崎市にあるマイホームのローンが終わり、次に広い家を買うつもりで売ろうとしたらすごく値下がりしていました。バブルが弾ける途中で買ってしまい、その後、夫婦共働きということもあり8年で住宅ローンを完済。私の給料は全額預金し、妻の給料だけで生活していたので、値下がりしていたのにずっと気づかなかったんです。

悩んだ結果、売却ではなく賃貸に出そうと判断しました。マイホームを買ったのが31歳で、賃貸づけを始めたのが39歳でした。

新川　もともと不動産投資をやろうとしていたわけではないのですね？

中島　もちろん。当時は普通のサラリーマンが不動産投資をするなんて、よほど変わった人しかいません。そのときに賃貸づけして月15万円で貸せたので、次のマイホームも賃貸を絡めたほうがいいと思いついたのです。

そこで広い土地付きの家を買い、敷地内にアパートを新築しました。その結果、マイホームを購入したのに、そのローンの支払いに追われるどころか、逆に月12万円を儲けることができました。先に貸したマイホームを合わせると、月27万円の利益です。

新川　それはすごいです。一棟物の投資にシフトしたきっかけは何ですか？

中島　自宅を貸した経験から「不動産投資は儲かる！」と確信したんです。進めていくうえで考えたのが、積算を取るのか？　それとも利回りを取るのか？　いろいろ悩んで利回りを取ろうと判断しました。とにかく物件を買い足していくためには初期資本を貯めなくてはいけないから。

それでネットで調べたら、変なカタカナの会社の名前が出てきました。それがクリスティです。栃木県の小山市で待ち合わせしたら変な黒い人が来て、それが新川さん。私は41歳でした。そこから一気に買い進めに入ります。

新川　当時の中島さんはいっぱい書き込んだノートを持参して、とても熱意が伝わってきました。そのノートを未だに覚えています。買いたい想いが強く伝わり、「よし、この人を応援しよう！」という気持ちになりました。

中島　あの当時は融資も続いたし、共働きだからお金もあり、法律関係もある程度は知っていました。特に対人関係の仕事をやっていたから怖いものはなかったです。それと属性もいいですから。あのときは勢いがあり、いい物件が出たらバンバン買いました。

新川　私たち営業の立場からすると、まずは買えることが大前提ですが、中島さんはすぐに動いてくれました。それとお人柄ですね。やはり良い人に紹介したいので。当時は中島さんが一番のお客さんで、いい物件が出たら、とりあえず電話をする関係でした。

中島　ありがとうございます。

トラブルがあっても行くことはない

新川　ところで不動産投資を続けている上で苦労した点はありますか？

中島　あまりないですね。最初に買った収益物件は新築なので、20年間ほとんど修理する必要もなかったです。

ただし、地方の築古になると修繕が増えます。それと孤独死も5人くらい。自殺も1件ありました。でも、それはあまり問題にならなかったです。

大家が現地に行く必要はなく、現場の写真は送られてはくるけれど、そのまま保険会社へ転送します。そういう意味では何かあっても、それほど大きなストレスはありません。

新川　なるほど。では、中島さんの中で一番の失敗はなんですか？

中島　サラリーマンを辞めたことかな。不動産を始めて6年目の45歳のとき、サラリーマンを辞める前に銀行の担当者さんから、「中島さんなら会社を辞めても融資を出しますよ」と言われたので、「そうなんだ」と素直に受け取り脱サラしたら、担当者が転勤して3年間は一切貸してくれなくなりました。

融資は難しいけれどゼロではない

新川　そもそも地方の築古だと融資が厳しいと言われていますが、実際はどうでしょうか？

中島　その通り。やはり銀行が限られます。それでも地方かつ築古なら2〜3行はイケイケの銀行が時代に応じて出てくるんですよ。地方の高利回り不動産といえばマイナーな世界ですが、それに対応した銀行が出てくるから、門は狭いけれど決して0ではない。

新川　同感です。過去と現在とでは全く市況が違いますよね。それはどのように？

中島　私が不動産をスタートした頃は、あまり敵がいませんでした。それに高利回りの物件も市場にたくさんありました。

そのうち、どんどんサラリーマン投資家が増えて競争が激化。どうすれば生き残れるのか模索した結果、廃屋にたどり着きました。廃屋ならライバルが少ないと思ったんです。

新川　しかし廃屋だと、それこそ融資が就き難いと思いますが・・・。

中島　廃屋の1棟目は現金で買いました。廃屋でも入居者がつく実績を作れば銀行が前向きになります。「この人なら大丈夫だな」と納得してもらえ、1棟目以降は廃屋＝ダメにはならないんです。

新川　中島さんはご自身で不動産投資の塾を開催されていますが、塾生さんも同じように融資をつけることができていますか？

中島　塾生も私を真似ようとしていますよ。現在も滋賀銀行などで融資つけができています。やはり現金をある程度は持っていないと厳しいですね。

新川　サラリーマン時代に大変だったことを教えてください。

中島　そのころは100世帯くらい。今は405世帯ですが、そんなに大変ではないですね。内見は基本的に土日で、必要であれば夜中にも行きましたよ。金曜の夜8時にくたびれて帰宅したら、新川さんの部下の人から、「良い物件が出たから行きましょうよ！」と誘われ、「よし、行こう！」とすぐさま家を飛び出し、そのまま福島に行ったこともあります。

新川　その姿勢はすごく大事です。そこで「今日は疲れたから」なんて言われたら営業のモチベーションも下がりますから。

中島　とにかく、買いたい物件の条件を明らかにする。あとは、属性が良くて、腰が軽くて、細かいことを言わないのが大事です。

新川　今の時代に、不動産を買い続けるコツはありますか？

中島　繰り返しになりますが、地方に行くしかない。私はそう思います。投資の方法はいろいろあります。地方の築古で、キャッシュをどんどん生んで運用益で稼ぐパターンと、都心で運用益はないけれど転売して売却して稼ぐ。このようにお金の稼ぎ方には2つの大きなパターンがあります。それぞれ、一長一短ありますが、転売益をゲットする方法は、主に都心です。

スルガ問題以降、頭金を要求されるようになり、都心なら億を超える物件が多く、その頭金は3000～5000万円程度になります。これらの現金を用意できる人は限られていますので、通常のサラリーマンにはもはや難しい方法となっていると思います。

売れ残り物件を指値

新川　しかし、地方と言えども物件探しは難しいといいます。私たちが扱う物件でも、そんなに好条件ばかりではありません。

中島　最初は新川さんと出会っていろいろ買ってきて、その後もいろんな不動産屋さんと知り合いになっています。その方々からも「これ買いません？」と物件紹介の話がきます。

また、楽待などのポータブルサイトに出ている物件も見て、ずっと売れずに晒されている物件に指値をすることもありますね。

新川　**初心者だと、「売れ残り物件を買ってもいいの？」「客付けが難しいのでは・・・」と心配になりませんか？**

中島　もちろん高利回り物件は何らかの問題があるに決まっています。でも、その問題点を解決できる自信があるかどうかです。

新川　これから地方高利回り物件を買いたい人へのアドバイスはありますか？

中島　まずは現地へ見に行ったら、近くの不動産屋さん3店舗にヒアリングします。これは昔、新川さんから「家賃を下げれば入らないエリアはない」と教えてもらったのですが、つまり家賃勝負なんですよ。そうはいっても、やはりダメなエリアもあるので聞くんです。

地方の賃貸仲介の営業マンは、自分が管理していない物件でも「あの物件は客付けをしたことがありますよ」と、エリアのほとんどの物件を知っている場合が多いです。すると、そこのアパートの問題点が見えてくる。

「管理会社を探している」という前提で聞くと、自社で管理したときのことを考えて予防線を張ってきます。そうすると嘘をつかず、問題点を包み隠さず話してくれるものです。

もう一つは、できるなら1級建築士かリフォーム屋さんを連れて行き、建物に問題がないかを確認する。あとは、きっちり収支シミュレーションをする。この3つをやっていれば失敗しようがないと思います。

新川　リフォーム屋さんや建築士さんはどうやって見つけますか？

中島　リフォーム屋さんはネット検索で知り合い、何回か付き合うと信頼関係ができます。また1級建築士は、私の場合は運よく良い方と知り合えました。定年間際のおじいちゃんだったから、日当2万5000円です。写真と報告書もつけてくれました。なお、良いリフォーム屋さんや建築士との出会いは、初心者は難しいかもしれないから紹介がいいですね。知り合いがいなければ大家の会に入るのがいいでしょう。

不動産投資は人生を守るもの

新川　中島さんは今後どのような目標をお持ちですか？

中島　お金を稼げばいいという話でもないでしょうね。秀吉の辞世の句にも、お金を稼いでもそんなに満足度は高いわけでもないようだし。新川さんはそういう相談を受けることは？

新川 ありますね。「人間は必ず死ぬのですから、使い切れないお金をそんなに稼いでどうするの？」といつも思うんです。

私は社内でも言うのですが、「そこそこでいい」って。どこかで上限を決めないと、毎年毎年、「前年度売上120％アップ！」と言い続けていてもキリがありません。

企業だから成長しなくてはいけない意味はわかりますが、「もういいのでは？」と言いながら成長している感じです。

中島 それと「子どものため」というのも、またちょっと違う。子どものためだけに生きているわけではないし、子どもは子どもの人生があるので。

ただ、うちの塾で「2代目大家の会」を作っています。塾生は130人いるけれど、その中で子どもがいる人たちを集めて情報共有をしているんです。

不動産投資って長いですよね。ローンも数十年ですし、自分の代で終わらない。子どもが賃貸経営をやる気がなければ買い叩かれます。私がよく指値をして買い叩く相手は、だいたいが2代目の大家さん。だから2代目を教育するのは極めて重要だと思っています。

その意味でも、ある程度は子どもの人生に関与せざるを得ないと思っています。

新川 事業の承継も大事ですね。最後に、中島さんにとって不動産投資とは？

中島 今、私は61歳ですが、最低限の効果として人生を守るためのもの。年金も当てにできないですし、〝防貧対策〟はとても大切です。さらに積極的に行動していくと、人生を大きく変えてくれるものです。

新川 その通りだと思います。本日はありがとうございました。

第2章

1棟目で成功するための「5つ」のステップ

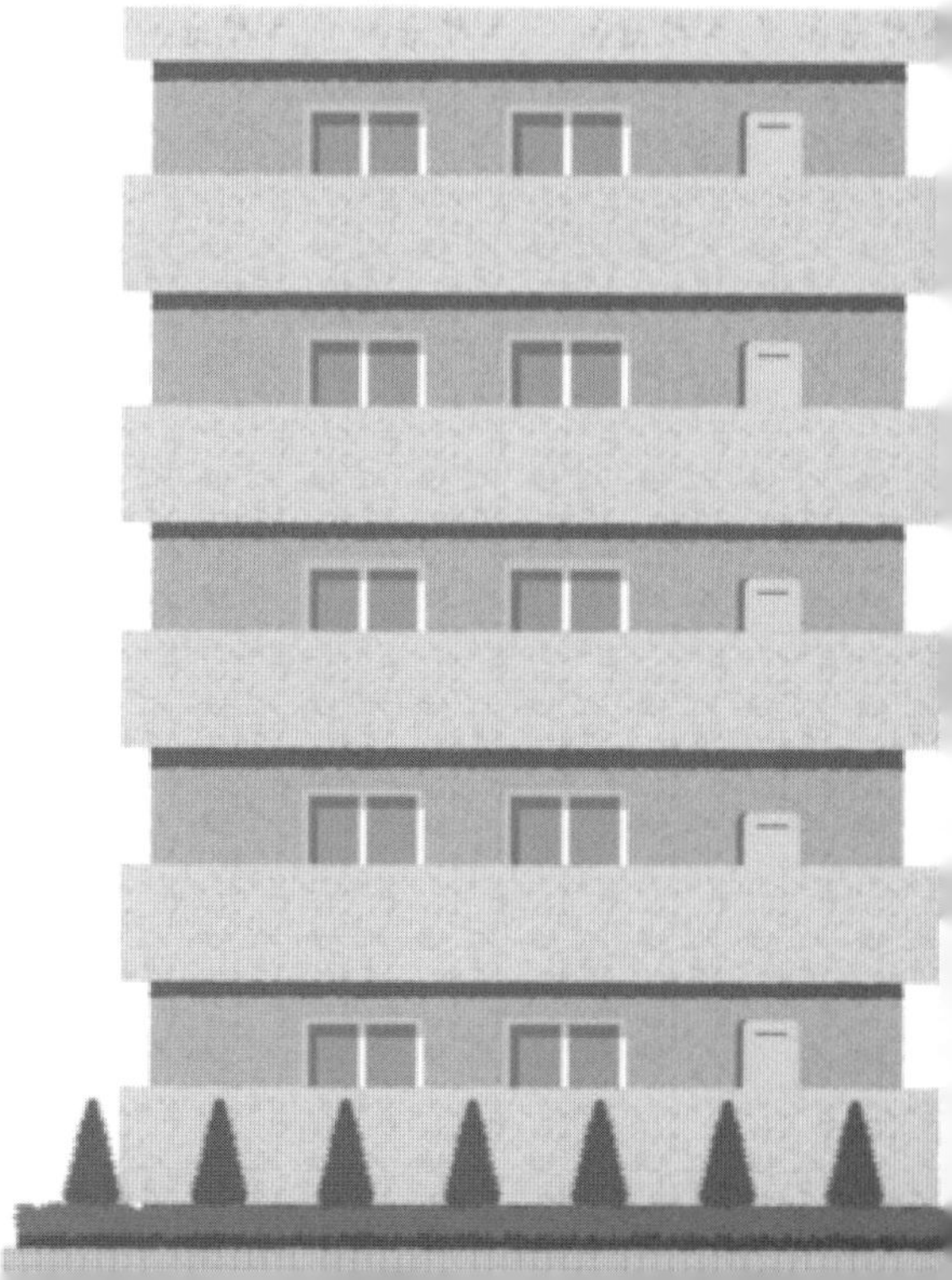

第2章では、これからでも使える初心者向けの不動産投資のノウハウを5つのステップにしてご紹介します。

いつの時代でも不動産投資で押さえるべきポイントは同じです。不動産投資の基本を知ることがリスクを避けて成功する近道です。

ポイントを押さえて着実に利益を増やしましょう！

ステップ1　ゴール設定

物件を定期的に購入できている投資家さんは、明確な目標を持ち「ゴール設定」をされています。

むしろ、この本を読んでいて不動産投資のゴールを決めていない人は、今すぐにでも見つけてほしいと思います。

このゴールとは、具体的にどんな物件を買いたいのかではなく、「将来はこうしたい！」というビジョンのようなものです。

不動産を買うためには、仕事が終わって家で一息ついているときでも、「今から物件を見に行きましょう！」という我々からの提案に応じてもらえる体勢でなければいけません。

なぜなら、業者向けの不動産情報サイト「レインズ」は午後11時まで閲覧できるからで、夜の11時に物件が出ることも十分あり得ますし、当社は出物があれば、すぐにそれを皆さんに連絡しているからです。

そろそろ寝ようかという夜中の11時に物件を見に行くのは、投資家さんも担当も大変です。

しかし、私はこれまでに何度もお客さんに声をかけており、深夜の2時に現場を見に行ったこともあります。

そうした行動により、最終的に良い物件を買えているお客さんがいらっしゃるのです。我が事ながら、これは心身ともしんどいです。

だからこそ、明確な「ゴール設定」がなければ、お互いそこで頑張れないのだと思います。

ステップ2　物件探し

続いては物件種別、価格帯など、「どんな物件を探せばいいのか」といった購入物件の方向性を決めましょう。「今、手元に500万円あるから、これで不動産投資をして○年後にはこうなりたい」というくらいに広く設定するのがお勧めです。

その際はあまりに限定的で、根拠のないマニュアル主義で購入指標を決めないほうがいいでしょう。

例えば、たまたま読んだ本に「元手100万円で利回り15%の中古アパート」と書いてあっても、その情報は古いもので、現在はその指標が使えない場合もあります。

ただ、最初のうちはどれが一番自分に当てはまる方法（何が有益なマニュアルで、何が無視すべきマニュアル）なのかを見極めるのが難しいと思います。

これに関しては、いろいろな人の話を聞いていくしか解決策がありません。誰に何を学ぶのかによっても答えが変わるので、大家さん仲間の集まりに参加して相談をするのもいいでしょう。

大事なのは、一人の意見だけに耳を傾けすぎないこと。読書にしても一冊だけ読んでいると、間違った刷り込みをしてしまう可能性があります。複数のテーマ（区分マンション・戸建て・一棟など）の書籍を読むのが望ましいです。

こうして何冊も読んでいくと、「ある本でお勧めされていたのに、別の本では否定されている」という場面に遭遇し、次のようなことに気づかされます。

- 不動産投資に絶対的な正解はない
- 自分なりの物差しを作る必要はあるが、完全に満たすことなどできないので、現実的な落とし所を見つけるのが大切

そうした思考を煮詰めていくと、自分の努力で埋められる部分、絶対に外したくないポイント、お金をかけてでも避けたいリスクなどが見えてくるようになります。これが自分の物件探しの基準となってくるのです。

物件を探す際は、「健美家」「楽待」など収益不動産のポータルサイトを使うのが王道でしょう。

クリスティ・富士企画の場合、そうしたサイトに物件情報をあまり載せていません。そのため、新規のお客さんは既存のお客さんの紹介や、本を読んで知っていただいた方々がほとんどです。

ただし、一般的な不動産業者はインターネットを通じた物件問合せによる集客をメインとしています。そのため、ポータルサイトに希望する物件の条件を打ち込んで検索して、そこで気になった物件に問合せをしていく流れになります。

次の項目からは、物件探しの条件を「立地」「築年数」「利回り」にわけて解説します。物件の種別については第4章からを参考にしてください。

■購入指標——立地

第1章でも出ましたが、なぜ不動産投資では「立地」が重要視されているのでしょうか。それは入居率を左右するからです。

当然、都心の駅近であれば高い入居率を維持しやすくなります。しかし、私が「地方で駅から離れている物件でも、入居率が高ければいいですか？」と聞くと、「それは嫌だ」と答える人が意外と多いのです。

これは「都内」「駅近」という名の「安心」を買っているのだと思います。こうした方の場合、「駅から近いほど利回りは上がりにくい」という一般的事実を理解してくれればいいのですが、たまに駅近でも利回りは地方並みといった物件を求める人がいます。

私が「そういう物件はありません」と答えたら、そこでおしまいになってしまうため、相場の中でなるべく近い条件の物件を探すことになります。

相場はネットで周辺の同様な物件の価格や賃料を見れば、ある程度わかります。すると、同じ3000万円で同じ入居率でも、「駅近で低利回り」と「駅から遠くて高利回り」という2つの物件があります。この場合、高利回り物件が欲しければ、後者を選んだほうがいいわけです。

とはいえ、「やはり駅近のほうが安心」「建物が新しければ、駅から遠くてもかまわない」など考え方の違いもあるので、最終的には好みの問題となります。

重要なのは、立地の良さとは「都心」や「駅近」だけではないということです。

都内だけで見ても、駅から離れているものの、駐車場があって入居率が高い物件はごまんとあります。

そう考えていくと東京にこだわらず、千葉・埼玉・神奈川と視野を広げていくのもいいのではないでしょうか。


前述したように多くの投資家さんは、自分なりのこだわりをお持ちです。まさに「都心23区内がいい」「駅徒歩5分以内でなければ怖い」というイメージです。

しかし、私たちはそうしたルールを広げていくようにお話しています。

そのほうが物件を探していくうえでの間口が広がり、当然、提案できる案件も増えますので、良い物件に出会える可能性も高まるわけです。

■購入指標――築年数

築年数に関しては「新しい物件に越したことはない」に尽きます。これがシンプルで正しい考え方です。

新築物件のメリットは「設備が壊れにくいので修繕費がかさまない」「新築は人気だから入居づけしやすい」「10年程度は手間がかからない」「周辺の物件より家賃が高い」「融資を引きやすい」「減価償却期間が長く売却しやすい」などです。

一方でデメリットは、「購入価格が高い」「利回りが低い」「経年により新築と謳えなくなるため家賃の下落幅が大きい」などです。

不動産会社が新築アパートやマンション物件を商品として作る場合、利回りは市況によって決められます。例えば、8％で新築物件が売れる市況だと思うなら、8％の商品を作るだけです。

その上で知っておいてほしいのは、「新築だと10年くらいは設備故障が起こりにくい」と言われますが、逆に「10年経ったら、何が壊れてもおかしくない」ということです。

したがって、中古物件は10年を過ぎたら、12年も15年も設備の壊れやすさを考えた場合、ほとんど違いはありません。

さらに言えば築20年でも30年でもあまり大差はなく、むしろどれくらいリフォームをしているかに注目しましょう。

また、築年数はRC造、木造などの構造によっても判断が変わります。構造によって耐用年数が異なり、金融機関の見方が変わってくるからです。

例えば、同じ築20年といっても、RC造マンションなら「まだ倍以上、耐用年数が残っている」となりますし、木造アパートなら「あと2年しかない」と金融機関は判断します。

そもそも耐用年数が実態に即しているのかという疑問もあります。

前述したように、木造の法定耐用年数は22年ですが、22年経ったからといって朽ちて住めなくなるわけでもありませんし、定期的に手直しをしていれば特に問題はありません。

実際、平成元年前後の木造物件は市場でもっとも出回っており、それは20年前から変わりません。

築30年以上の物件ではキッチン交換がされていたり、外壁塗装をやり替えていたりと、何らかのメンテナンスをされているほうが多く、まったくリフォームしていないというケースは珍しいです。

結局のところ、築年数については次の選択肢になります。

・新築
・築浅（築10年程度まで）
・築古

それに加えて築古物件であれば、築年数よりもリフォームの有無など建物の状態を重視すべき部分です。

建物の構造もそうですし、前オーナーがどれくらいメンテナンスをしてきたかによって物件の実力は大きく異なり、一概に築年数だけで判断はできません。立地さえ間違わなければ、古い物件でも室内がキレイにしてあれば入居はつきます。

つまり、築年数や駅からの距離など表面的な数字では判断しきれないのです。管理会社や客付業者にヒアリングをして、「入居付けできる」と言われたのなら大丈夫と判断してもよいでしょう。

初心者が不動産業者に相談する際は、細かい条件を伝えるのではなく「入居が付けやすく、安定的に収益が出る、不動産投資初心者の自分が投資しても問題ないような物件を買いたいです」と伝えるほう現実的です。

■購入指標──利回り

こちらは1章と重複するところがあるので、利回りの上下についてお話します。

一般的に利回りは上がり続けるものではなく、下がり続けるものです。購入時は利回り12％だったとしても、だんだん家賃が下がっていき、数年後には10％以下に落ち込むこともよく見られます。

また利回りは、融資の状況や需要と供給のバランスで決まります。

融資が厳しい市況で買える人が少ないと価格が自然と下がり、逆に融資が出て不動産が買いやすい状況になり、買いたい人が増えると価格は上がります。

書籍では驚くほどの高利回り物件を買っているケースが散見されますし、大家さんの会で羨ましい利回りで買っている話も聞きます。

これが不動産業者の情報であれば、誇張した物件情報を載せるとコンプライアンス的にも問題になるのですが、投資家さん同士の伝聞であれば、正確な情報ではないものが誇張して伝わっていることもあります。

そうした情報を見過ぎていると、「自分も妥協したくない！」と思い込んでしまい、〝ないものねだり人間〟になってしまう可能性があります。

私の経験上〝ないものねだり人間〟の方々は、仮にその条件を満たす物件が見つかっても、「もっと高利回りの物件があるかもしれない」と欲が出てしまい、なかなか買えません。

もしくは安く買えることにリスクを感じ、怖気づいてしまう場合もあります。

安い理由としてリフォームが必要だったり、入居付けが難しかったり、出口が取りづらかったりなどのリスクを含んでいる裏返しです。

ですから、安く買えるといって必ずしも大喜びできるわけではないのです。

著名投資家さんの中には、いつの時代もよい物件ばかりを購入している人がいます。それは彼らの人脈や実力があるからこそできるわけで、初心者がそのレベルに達するまでにはある程度の時間を要します。

ステップ3　問合わせ

気になる物件を見つけたら、業者さんに問合せを入れます。

物件を問合せるときのポイントは、「資料請求の際、本気で向き合うつもりがないのなら不動産業者を動かしてはいけない」ということです。

これは不動産業者の立場で考えるとよくわかると思います。物件資料として、謄本・公図・測量図などを気軽に請求する人がいます。

しかし、謄本を用意するのにはコストがかかりますし、資料を揃えるにも時間がかかります。真剣に検討していない段階で、そうした依頼を何度もすると「この人は本気で買うつもりはないんだな」と営業マンに思われてしまう可能性が高いです。

また、初回の問い合わせ時に、売主の素性や売却理由などの情報を詳しく知りたがる投資家さんもいます。

しかし、何かの理由があっても資産整理と答えるのが一般的であり、「売り急いでいる」という回答が来るケースはまずありません。

実際には売り急ぎ物件も存在しますが、そのような情報ほど表に出す前に懇意にしているお客さんへ流れるものです。

では不動産業者がなにを知りたいのかというと、「買いたい金額」です。他のオーナーよりも優先的に進めたいのなら、まずはここから伝えるべきです。

本格的に購入検討するあたり、謄本・公図・測量図は確認すべきですが、少なくとも問合せ時にはなくても問題ない情報です。

営業マンも仕事ですから手間がかかっても対応しますが、せっかく手間をかけても購入に至らないお客さんに対しては真剣になれない側面もあるでしょう。

私も営業マンに対して、「資料請求の対応は大切だけれど、何が目的で資料を求めているのか確認したほうがいい」と指示しています。

謄本は法務局に行けば誰でも取得できるものです。今はネットでも簡単に取得できるので、スピードをもって融資先にアプローチしたい投資家さんなら自分で手に入れてしまうこともあります。

しかし、そうした人はごく少数で、大半の人は問合せの段階で、備考欄に「謄本・公図・測量図を送ってください」と、明らかにコピペした箇条書きを送ってきます。

詳細な情報を得るのはセミナーや大家さんの会などで指導されていることですから、ファーストコンタクトでそれを言ってくる人は営業マンに「どこかのセミナーで学んだ人なんだな」と認識されます。

それを元に銀行へ打診する人、謄本から情報を読み取る力がある人とわかれば問題ありませんが、わからないうちはマニュアル通りに何となく実行している印象を受けます。

物件問合せの際に、もっともお勧めなのは「資料をください」とだけ伝えることです。大抵は販売図面・レントロール・地図が送られてきます。

話が進んで融資を打診する段階に入れば書類は揃うものです。謄本やその他の詳細資料については、最初の資料を見て購入検討に入ってからにしましょう。

価格と場所で概ね判断し、そこから本当に必要な資料だけ請求する、というのが物件を問合わせる際の正しい流れです。

ただ、不動産業者の中には、お客さんに言われるがまま対応するところもあります。しかし問合せ件数が増えると、そのような対応をすべてこなすのは不可能になり、初回のやりとりで「買わない人だ」と見なされる人も大勢出てきます。

ファーストコンタクトだけで終わってしまうのは非常に残念です。

当たり前だと思っていた資料請求が、実は営業マンが買主さんを選別するポイントでもあることをぜひ知っておいてください。

■不動産業者と信頼関係を築く

ところで、不動産業者に対して「騙されるのではないか」と警戒されている初心者は思いのほか多いものです。

実際、すべての業者が優良業者ではありませんが、みんながみんな悪徳業者ではありません。

良心的な業者もたくさんいますので、そんな業者を味方につければ、「これほど助けになる人たちはいないな！」と納得してもらえるはずです。これは不動産業者だけでなく、金融機関に対しても同じと言えるでしょう。

不動産業者から信頼される・好まれる人の特徴は、「何とかしてあげたい」と思わせる対応が（意識的・無意識的にせよ）できることです。

これはどんな仕事でも同じなのかもしれませんが、「あの人を何とかしてあげたい」と思わせる人は、どこに行っても誰かが助けてくれるものです。

この真逆のタイプが、「よい物件があったら何でも買うから紹介してよ」というスタンスの人です。

また、初心者向けの書籍には「投資指標を決めて、それをきちんと伝えるのが大切」とよく書かれていますが、これはそのとおりで「どういう物件が欲しいのか」「なぜその条件なのか」「いつまでにどうなりたいのか」と伝えるべきです。そうすれば条件に見合う物件が出たらご案内しやすいからです。

しかし私の経験上、提示した条件をクリアした物件が見つかっても買わない人はたくさんいます。

これは価格帯が厳しかったり、資金が足りなかったりなど現実的な問題もあるのですが、気持ちの面も大きいようです。

こうした人の多くは、まだ買うための準備ができていません。

買うための準備とは、買うまでのストーリーを描き、そこから逆算して行動することです。当然、買うことを前提としているので決断するスピードは速いですし、常に先手を考えているものです。

しかし準備ができていないと、前述した〝ないものねだり人間〟になりがちです。

〝ないものねだり人間〟になりがちなのは、いわゆる成功談を信じ込んでいるからです。好条件の物件は、タイミングによるところが大きいものです。

10年前と今ではまったく状況が変わっています。使える金融機関、不動産業者やプレイヤーの数も違いますから、その当時の書籍を読んで「この投資法でやろう」と思っても現実的でない場合が多々あります。

もちろん、そのころの書籍には今でも役に立つ情報がたくさん書かれた名著もありますが、時代が違うと認識して、数字の部分だけを鵜呑みにするのはやめましょう。

■買える人間であることをアピール

また、自分が買える人間であることもきちんと伝えましょう。

自己資金がどれくらいあるのか、融資が受けられるのかは非常に重要です。融資については年収や勤務先、自己資金などの情報を聞いて初めて判断できるものなので、「僕は大丈夫ですから！」と何も教えてくれない人の言葉はあまり信用していません。

ですから、自分は買える人間であることを説明するなら、年収や自己資金がわかる資料や、所有物件の一覧表などを見せてください。このとき「ポジティブな情報もネガティブな情報も両方見せる」のが重要です。

一般的に、人はネガティブな情報を隠したがる傾向にありますが、不動産業者としても「この人、本当のところはどうなのかな?」と探っているのです。

お互いに見えない壁を感じながら手探り状態で喋っているので、「この人は何か隠しているな」と感じたら、やはり信頼度も薄れてしまいます。

ステップ4　物件調査〜買付

資料を確認して物件が気に入れば、ぜひ現地まで行って物件を見ましょう。

見学の際は不動産業者と一緒に行くことをお勧めします。そこでプロの目線からどう判断するのか意見を聞くのがいいでしょう。

当社の場合も物件を一緒に見に行き、やめたほうがいい物件であれば、その旨を正直にお伝えしています。無理に買うよりも、お客さんに利益を出してもらうのが大事だからです。

また、人気物件はすぐに決まってしまうので、物件資料をもらったらその日のうちに見に行くスピード感が大切です。

昔は土日でもよかったのですが、今は探している人が圧倒的に多くなっています。ご自身がネットの情報を見て「いいな」と気に入った物件は、他の人も同じように感じているはずです。お仕事が忙しいかもしれませんが、なるべくその日のうちに行きましょう。

物件を見て気に入った段階で「購入申込書」を出します。これは「買付証明書」ともいいます。

「この物件を購入したい」という意思表示で、物件の購入希望価格を記載します。

この段階で、もらっている情報は販売図面程度です。物件に対して疑問や不明な点が数多くあるとは思いますが、ここで得ている情報と自分の目で物件を見て「購入したい」と思えば申込みをしたほうが良いでしょう。

その際の買付の仕方、指値の仕方についてのアドバイスです。

多くの投資家さんは、むやみに値切っているだけで、上手に指値できているケースは少ないものです。ここでは業者側の立場から解説しますので参考にしてください。

まずは、申込みをしたうえで、その後、疑問点を聞きます。先に買う意思を見せてから次の動きとなります。

以前は買付の順番がそのまま購入の優先順位となっていましたが、今は買付を入れた順よりは、融資のついた順であるケースが多いです。それでも、いち早く決断をして行動するほうがよいでしょう。

■指値の極意

金額交渉（指値）は、営業マンと相談しながら行います。

あらかじめ指値されるのを前提として値付けをしているケースもありますし、中には残債があるため値段を下げられないケースもあります。

また、相場より安いお買得物件であれば買付が殺到して、満額どころか買い上がることもあります。そのような状況の中で指値をしてしまえば買えるチャンスを失ってしまいます。相場より安い物件は満額で購入するのが現実的です。

しかし、その物件が相場の価格だったとしても、心情的にはみなさん指値をしたいのが本音でしょう。

その指値の仕方が上手ではなく売主さんを怒らせてしまうケース、もしくは、指値自体を営業マンが止めてしまっているケースもあるのです。

ですから、営業マンに相談して指値をするかどうかを決めてください。

まず、値付けの根拠を分析します。その売買金額がどのように決められているかにもよって指値の可否があります。数字だけを見るのではなく、値付けの根拠を分析しましょう。

例えば、私が売主さんから依頼を受けた営業マンだとします。5000万円で売るように依頼されたのであれば、利回りを見ながら「5280万円に設定しておきましょう！」と提案します。

このように、あらかじめ指値部分を乗せて金額設定しておけば、買主から「この金額に下がりませんか?」という打診に対して問題なく対応ができます。

その枠内に収まっている指値であれば大丈夫ですが、そこから逸脱するような大幅な指値はまず却下されます。自分が売主の立場だと思えば納得いただけるのではないでしょうか。

続いて売主側の業者に「交渉の余地はありますか?」と打診してもらいます。「いや、なかなか厳しいですよ」と断られたら本当に難しいのです。売主に残債があり、「〇〇万円以上で売らないと残債が残ってしまう」という事情があれば、駆け引きをする余裕はありません。

逆に、相続税の支払いや事業の資金繰りの悪化で「とにかく現金化したい」という事情もあります。

その場合は「月末までに決済できるなら、〇〇万円でもいい」「現金で購入なら〇〇万円まで下げる」など交渉の余地がありますから、その売主の売却理由によるところが大きいのです。

■指値でのNG行為

あとは、やり過ぎないことにも注意してください。「大幅な指値に成功！」という武勇伝を自慢している投資家さんもいます。

100本買付を入れて、1本でも安く買えればいいのは間違いではありませんが、不動産会社の中で、「あ、またこの人だ」と強引な指値で有名になってしまうケースがあります。

その結果、「この投資家さんの買付は受けない」と言われてしまいます。安いものを買うためには、ある程度の強引さがあっていいのかもしれませんが、業者間で有名になり過ぎたら買いにくくなる可能性もあります。

最後に指値でのNG行為です。これは「売主さんへの手紙」です。最近では買付用紙の余白にメモ書きされる方が多いです。前著にも書きましたが、手紙そのものが悪いというよりもマニュアルに頼りすぎた姿勢に疑問を感じます。

不動産投資本に書いてあったことで、ある時から手紙を書く人が増えてきました。

「物件を大事にしますので安く売ってください！」という売主さんへのメッセージです。

実際のところ、この手紙は業者で止まっている場合が多いのです。

それというのも、交渉をまとめるのは不動産会社の営業マンの仕事です。手紙を一通出して話がまとまるのであれば業者など必要ありません。

そもそも、特に根拠もないのに、「ただ安くしてほしい」と頼み込むのは売主さんからすると簡単には飲めない要求です。

また、私が手紙を渡さない理由は、大抵は本にある例文を、そのまま写して書いてあるだけなので、その人の本当の思いではありません。心をこめて売主さんの気持ちに届く手紙ならまだしも、マニュアル通りの手紙は逆効果でしかありません。

ステップ5　契約・決済

買付証明書を出して、金額が折り合えば売買契約に進みます。融資を受ける場合は、売買契約書を銀行に提出して審査を受けます（契約前に事前審査を済ませて内諾をとっておきましょう）。

売買契約時の確認事項は、まず入居者の滞納状況が挙げられます。保証会社が存在する場合、入居者の滞納にも関わらず家賃が送金されることがあり、売主は滞納の有無を把握していないケースもあります。その点はしっかり確認してください。

また、入居者が管理会社に「共用部の電球が切れている」「クーラーが壊れている」「隣がうるさい」など、修繕依頼やクレームを言っていないかの確認もします。そうした入居者からの声は、管理会社で抑制されているケースがあります。

些細なことであれば報告なしで対応するのが一般的ですが、売買時にはこれを聞いておかないと後からトラブルに発展する可能性もあります。

その他にも、町内会費や共用部の監視カメラの使用方法など細かいことも確認しましょう。

決済では購入代金の支払いをして、賃貸契約書の原本、図面関係、鍵の引き渡しが行われます。合わせて所有権の移転登記が行われます。

第3章

長く成功するための「1棟目での融資」の受け方

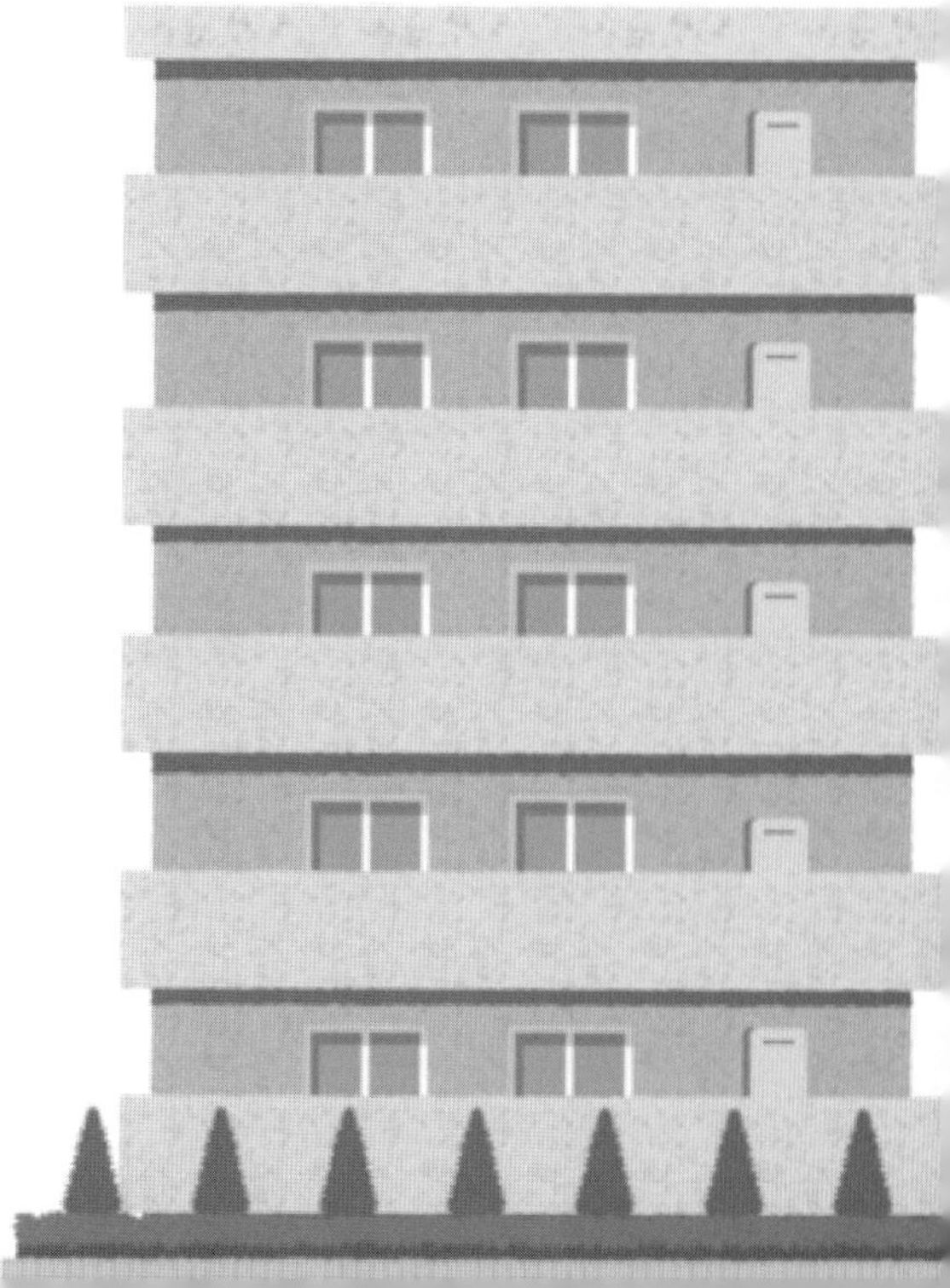

不動産投資の特徴として「融資によるレバレッジ」が挙げられます。

一昔前の不動産投資ブームでは簡単にハイレバレッジ投資を行うこともできました。

しかし、今の状況はだいぶ変わってきており、人によって物件によって使える融資が異なります。

常に動く融資事情を把握するためにはどうすればよいのか？

ここでは初心者の方からの融資への疑問をQ＆A形式で解説していきます。

Q 不動産投資を進めていく時、融資を使ったほうがよいですか?

A 使ったほうが早いスピードで規模拡大ができます。

不動産投資の特徴には、銀行などの金融機関で借入れる「融資によるレバレッジ」があります。レバレッジとは借入れを利用することで、自己資金のリターン(収益)を高める効果が期待できるのを指します。

現金で購入する投資手法もありますが、限られた現金を使って不動産投資をした場合、物件を買い足すごとにキャッシュを使っていたら、いずれキャッシュ切れを起こしてしまいます。

また、現金を使って戸建てや区分マンションを購入していく手法は堅実ではありますが、スピードが遅いという欠点があります。

一方で融資を使えば、少ない資金で大きな投資が可能となり、スピードを持った不動産投資ができます。

株式投資や投資信託、FXといった他の投資や、新NISAやiDeCoなどの資産運用ではなかなか運用のために融資をひくことはできません。

そのため「融資によるレバレッジ」は不動産投資だからこそ使える大きなメリットなのです。

とはいえ、気を付けるところもいくつかあります。少ない元手で大きな融資を受けたら利益は大きくなりますが、マイナスに転じた場合、損益も大きいです。

ほんの数年前はフルローン（満額融資）、オーバーローン（諸費用を含めた融資）を受けられましたが、直近をいえば第1章に書いたように、頭金は少なくても1割、多ければ3割程度を出さなければいけません。金利条件や融資期間なども時代によって変わりますし、同じ金融機関でも時代とともに条件が変わってしまうこともあります。

そのため、最新情報は常にチェックして、その上でどのような融資を自分が使えるのか把握しておきましょう。

Q　どんな銀行で、どのような融資が受けられますか？

A　金融機関によって様々な融資商品があります。

ご存じの方も多いでしょうが、金融機関には種類があります。

誰もがその名を知っている都市銀行。その他にも地方銀行、信用金庫、信用組合にノンバンク。政府系の金融機関である日本政策金融公庫もあります。

どの金融機関を使えるのかと言えば、その人の属性により異なってきます。

属性とは、年齢や家族構成をはじめ、年収、職種や勤務先などの社会的背景、保有資産など経済的背景のこと。金融機関から見て、「この人にお金を貸しても返ってきそうか」という判断材料になります。

また、物件評価の仕方も金融機関によってそれぞれです。収益性（月々の家賃収入・その物件が稼ぎ出す力）を重視する金融機関があれば、積算評価（各金融機関の基準による土地と建物の評価額）を重視する金融機関もあります。

これも金融機関によって重要視するバランスが異なり、外から見ると非常にわかりにくいものになっています。


くわえて金融機関によって融資にも種類があります。

よく使われているのは、**アパートやマンションなどを投資用等の自己の居住以外の目的で購入・建築する際に利用できる「アパートローン」**で、住宅ローンに似た性質の融資商品です。そのようなパッケージ型の商品はなく、個別に審査をして融資をしていくケースがあります。

この場合に基準となるのは年収で、サラリーマンのように**安定的な本業の収入があり、なおかつ年収が高い人ほど信頼度が高くなり大きな金額が借りられます。**

個別に審査をしていく融資は、一般の事業融資と同様となり、物件の収益性と担保価値が重視されます。

とはいえ、借りる人の属性も重要で、年収が高く資産背景がしっかりしているほうが、より有利な融資を受けられる可能性が高いです。

Q 効率よく融資を受けるには、どのような種類の金融機関から当たればよいですか？

A その人によって使える金融機関は変わりますし、市況にも大きく影響されます。

当社に来られるお客さんの平均年収は、500万円前後の方が多いです。もちろん、それより年収が高い方も低い方もいらっしゃいますが、平均年収より少し高いくらいの会社員の方が多いです。では、このくらいの年収の方が融資を受ける際、何を知っておけばいいのでしょうか。

まずは借入先の順番です。この順番には、「王道」と呼ばれるものがあります。都市銀行・地方銀行・信用金庫・ノンバンクという順番で融資を組むことです。とはいえ、その人によって使える金融機関は変わりますし、市況にも大きく影響されますから、「初心者は、○○銀行がいい」と一概には言えません。

例えば、「年収の○倍までなら融資可能」という基準も、金融機関によって変わりますし、ノンバンクなどはそもそものような基準がありません。

ノンバンクとは、銀行のように預金の受け入れを行わない金融機関で、クレジットカード会社・信販会社などが含まれます。これらのノンバンクは金利が高いことから、ネガティブなイメージを持つ方がいるかもしれません。しかし、ノンバンクで融資を引いて成功している大家さんはたくさんいます。

本来であれば、**最初は最も融資条件の良い金融機関を使って、一棟物件を買うのが順番的にお勧めです。**

ただし、金融機関によって年収制限がありますし、物件についてもその金融機関ならではの基準があります。

ある銀行では、物件のエリア毎に金利が異なります。「国道16号線の内側なら○％だけれど、外側なら○％」というイメージです。

信用金庫であれば、自分の選んだ物件が営業エリア外にあると融資の対象にならないケースも多いです。そうなると属性が合致していたとしても、この金融機関でなく別の金融機関のほうが適していることになります。

まずは1棟目を購入する際に、「この金融機関で借りたい」と考えて検討するのはよいのですが、その時々の融資状況の情報を得て、借りられる銀行にまずはあたるのが現実的です。

Q 金融機関の開拓方法を教えてください。

A 最初は相談先の不動産会社から紹介を受けるのが近道です。

自分がどういう融資を受けられるのか知るためには、何をすべきでしょうか。

金融機関へ直接聞きに行くことも間違ってはいませんが、不動産会社に聞いたほうが早い場合もあります。

融資に強い不動産会社は、その時の融資情報や実際に融資を受けた事例がたくさん身近にあるからです。

ただ、不動産会社に融資先を紹介してもらうためには、あくまでその相談先から「物件を買いたい」という姿勢を示すのが前提になるでしょう。アドバイスや紹介が欲しいのなら、嘘のない年収、所有資産、家族構成、実現したい生活などを説明する必要があります。

また、金融機関はその人の属性も見ていますが、それと合わせて持ってきた物件の価値を見ています。そのため、初心者の方が自分の資料だけを持って金融機関へ聞きに行っても、「物件を持って来てくれないと判断できません」と追い返される可能性は十分にあります。

不動産会社でも、融資のアレンジができる会社とできない会社があります。

融資に詳しいかどうかは直接聞くのが一番です。物件を探すときに業者の融資アレンジ力の有無は分かりませんので、**良い物件があったら「融資を受けてこれを買って**

いきたい」と伝えて、そのときに「融資はご自身でアレンジしてください」と言われたら、その業者は融資が弱いと言えます。

ここまで読んでいただければ分かるとおり、当社は物件をご購入いただいたお客さんに対しては融資のアレンジを行っているのですが、業界内では行っていない会社が意外と多いのです。というのも、「本気で購入する気持ちがないのに、融資だけやってほしい」という方々を何度も見てきたからです。

中・上級者になると、知り合いの大家さん仲間の紹介などで融資先を見つけてくる方もいますが、初心者にはかなりハードルが高いと思います。

有名大家さんの中には「金融機関は自分で開拓しなさい」と提唱する人もいます。しかし**金融機関からすれば、初心者をいちいち対応するのは非常に煩わしいと感じられることが多い**ようです。

実際、当社のケースでいえば飛び込みで営業したとしても、10行へ電話して話が前に進むのは1行程度です。

これは不動産会社も同じで、これまでに関わりがない銀行だと、「今の時期は厳しいですね」と軽くあしらわれるケースもあります。
このように難易度が高いので、初心者が金融機関の開拓を無理に行う必要はないと思います。ただし、仕事で付き合いがあるケースや、力のある大家さん仲間に紹介してもらえるといった事情があれば、話は別です。

仮に「この物件なら6000万円までなら融資ができます」と言われたとしても、担当者を教えてもらって突っ込んだ話をしていくと、実は「融資期間が短くなります」と条件が厳しいこともあります。

融資を受ける際に、住宅ローンのように30年、金利1％台で借りられるものだとイメージだけが先行している人もいますが、不動産投資の融資は金利面でも融資期間でも、住宅ローンとは全く別物と考えたほうがいいでしょう。

また、銀行の融資担当者には、常にいろいろな相談が来ているものです。電話では「物件情報を持ってきてください。おそらく融資は出ると思いますよ」と言われて期待しても、実際の融資期間は短くて月々のキャッシュフローが出ない場合もあります。

前述した例外を除き、初心者の方で「銀行はこちらで何とかするから大丈夫！」「個人情報だから」と情報を開示してくれない人に関しては、不動産会社から見ると「融資が危ういため、物件を紹介しても購入できないのでは？」という見方をされます。その結果、物件を紹介するのは難しいと判断されてしまいます。


私たち不動産会社が、投資家さんに年収や資産背景をどんどん聞くのは、そうした情報を知らないままでは融資のアレンジも投資のアドバイスも何もできないからです。

人によっては「個人情報を聞いてくるなんて怪しい」と不審に思われるかも知れませんが、そういうものだとご理解いただきたいと思います。

Q 自己資金はいくら必要ですか?

A 最低限、物件価格の1割からが交渉のテーブルに乗ります。

かつては自己資金ゼロ、フルローンやオーバーローンが当たり前の時代もありました。

しかし、今の融資状況は厳しく、**頭金で物件価格の1割から3割必要なのが一般的です。中古だと購入後にリフォームなどの費用がかかる可能性があるので、出費ゼロ円では不可能だと思ってください。**

もちろん、規模によってはフルローンが引けたり、リフォーム込みのオーバーローンを引けたりする可能性もゼロではありません。その場合、自己資金は使わずに物件が買えることになります。

ただ、フルローンやオーバーローンを引くと、収入に対しての返済の比率が高くなります。可能であれば、ある程度の頭金を出したほうがいいでしょう。

こういうことを言うと、**「頭金を出すと、次の物件が買えなくなる・・・」と心配される人も多いのですが、できるだけ最初に自己資金を入れたほうが返済額も減るため、結果的には手残りが増えてお金も貯まりやすくなります。**

今はお金を出さないと物件が買えない時代なので、無理やり買おうとするならイレギュラーな手法を取らざるを得ません。

かつて、私の知る投資家さんでリーマンショックの直前に購入した人の中には、経済危機による派遣切りに遭い、家賃下落、滞納、長期の空室などに悩まされた人もいました。

それでも辛い時代を乗り切れた理由は、頭金を2～3割入れて、かつローンが15年程度だったからそれでもローンを支払っていけたのです。

このことからもわかるとおり、現金を入れておくのはかなりのリスクヘッジになると言えます。

Q 適正なローン返済比率はどれくらいですか？

A 人によって変わりますが、50〜80％の場合が多いです。

返済比率は、例えば月30万円の売り上げが出る物件に対して、返済が15万円であれば返済比率は50％になります。

当然ながら、融資を受けるときに自己資金を入れないと、返済比率が高くなります。

返済比率は40、50％の人もいれば、第1章の私の事例でご紹介したように100％の人もいます。

仮に100％の返済なら、入ってくるお金がすべて出ていくので、退去後の修繕などで金額がかさんだり、退去期間が長くなったりして家賃が入らなくなると、自分の給与から手出しでローンを支払っていかなくてはならなくなります。

そのため、返済比率100%というケースはやはり例外で、一般的には50〜80%程度の人が多いです。

それでも私が100%にしている理由は、元気なうちに早く返済してしまいたい、この不動産投資の収入をアテにせず、何かの備えや将来の資産に充てよう、と思っているからです。ですので、仮に家賃が滞っても、本業の収入で十分に返済できて、変わりない生活をできる余裕のある投資金額にしています。

同じような考え方で、1000万円の融資を引いたとしても1000万円の貯金があれば、返済比率が100%でも、いざというときに何とかなります。自分でリカバリーできる人であれば、返済比率が高くてもあまり不安を抱かなくてよいのです。

返済年数を長くして返済比率を低くすると月々の支払いは少なくなりますが、一方で金利ばかり支払うことになります。

個人所有の収益不動産を5年以上所有し、それを長期譲渡で売却を考えたとき、元本がどれだけ減ったかどうかは重要なポイントになります。

なぜ5年以上保有するケースが多いのかというと、購入した不動産を5年以内で売却すれば譲渡所得税の税率の関係で税金が高くなってしまう恐れがあるからです。

また、返済比率に関しては、例えば6戸所有している人と、60戸所有している人では考え方が違います。60戸のうち1戸空室になっても空室率は60分の1で他の物件がカバーしてくれますが、6戸の人は6分の1で、そのぶん空室リスクが大きくなります。

初心者の人で戸数が少ない物件を買った人なら、返済比率は低いほうがいいでしょう。それゆえに、初めて区分や戸建てを買う人が現金で買うのは理にかなっていると思います。

保有物件が3戸になるときに融資を引いた場合、購入した物件の返済比率が非常に高くても、他に2戸の物件があるので、その物件からの家賃が入ります。

その結果、家賃収入とローン返済を全体として見た場合、実質的に返済比率が低くなるのです。

ローン比率は、購入する物件の規模にも関係があります。

一棟物件を買う際に、30戸程度の大型物件であれば、そのうち1戸に退去が出て家賃収入が10％程度減っても大きな影響はないと言えます。

よく「新築区分マンションを買ってはいけない」と言われていますが、それは返済比率がマイナスとなり収支がまったく合わない上で、マイナスになったぶんを税金で取り戻す戦略だからです。

この方法は、不動産での節税が必要な高収入の方向けの投資法になり、私から見たら「何もやらないよりはやったほうがいいけれど」というレベルの投資です。

返済比率の考え方は様々で、「高い返済比率で返していくのか」「返済比率を低くしてキャッシュを貯めるのか」という2つのバランスを鑑みる必要があります。どちらが正解というわけではありません。

ただし、返済比率が70％を超えるとリスクが大きくなるので注意が必要です。それでも前述したように、100％でも大丈夫な人はいるので絶対ではありません。

Q 借換え・金利交渉のタイミングは?

A 特に決まりはありませんが、借換え前提の融資はお勧めできません。

金利交渉は定期的に行ってください。金利が高くて収益を圧迫するような状況であれば借換えも検討します。

ただ借換えの場合、満室経営をして財務状況が良くなければ難しいと言えるでしょう。このあたりの細かい条件は、金融機関やその支店によって異なります。

よく「1期は運営してからでないと借換えができない」と言われますが、必ずしもそんなことはありません。

借換えをする際の金融機関はご自身で探すしか方法はありませんが、物件がある状態で相談に行くので、物件がない状態で融資依頼をするよりもハードルは低いはずです。

なお、借換え前提で融資を組むと、借換えをされた銀行からの印象は悪くなり、二

度と借りられなくなる恐れもあるので注意してください。

そうでなくても借換えをした場合、一般的にはその担当者から融資を引けなくなります。「あんなに苦労して融資を通したのに・・・」と思われるからです。可能ならば担当者が異動してからのほうがいいでしょう。

いずれにせよ、借換え前提での融資はお勧めできません。借換え前提では金融機関との関係が壊れることにつながりかねません。

今の市況をいえば、「銀行が貸してくれてありがたい」という姿勢が主流です。金融機関との関係性を重視したほうがよいでしょう。

もちろん、明らかに**金利が高ければ交渉してもよいと思います。ただ、これは変動金利のケースです。固定金利で借りている場合は、その期間内で借換えしたり売ったりすると、違約金が発生する恐れがあります。**

また、金融機関によっては金利交渉が一切できないケースもあります。

第4章

現金中心ではじめるなら「戸建て」投資

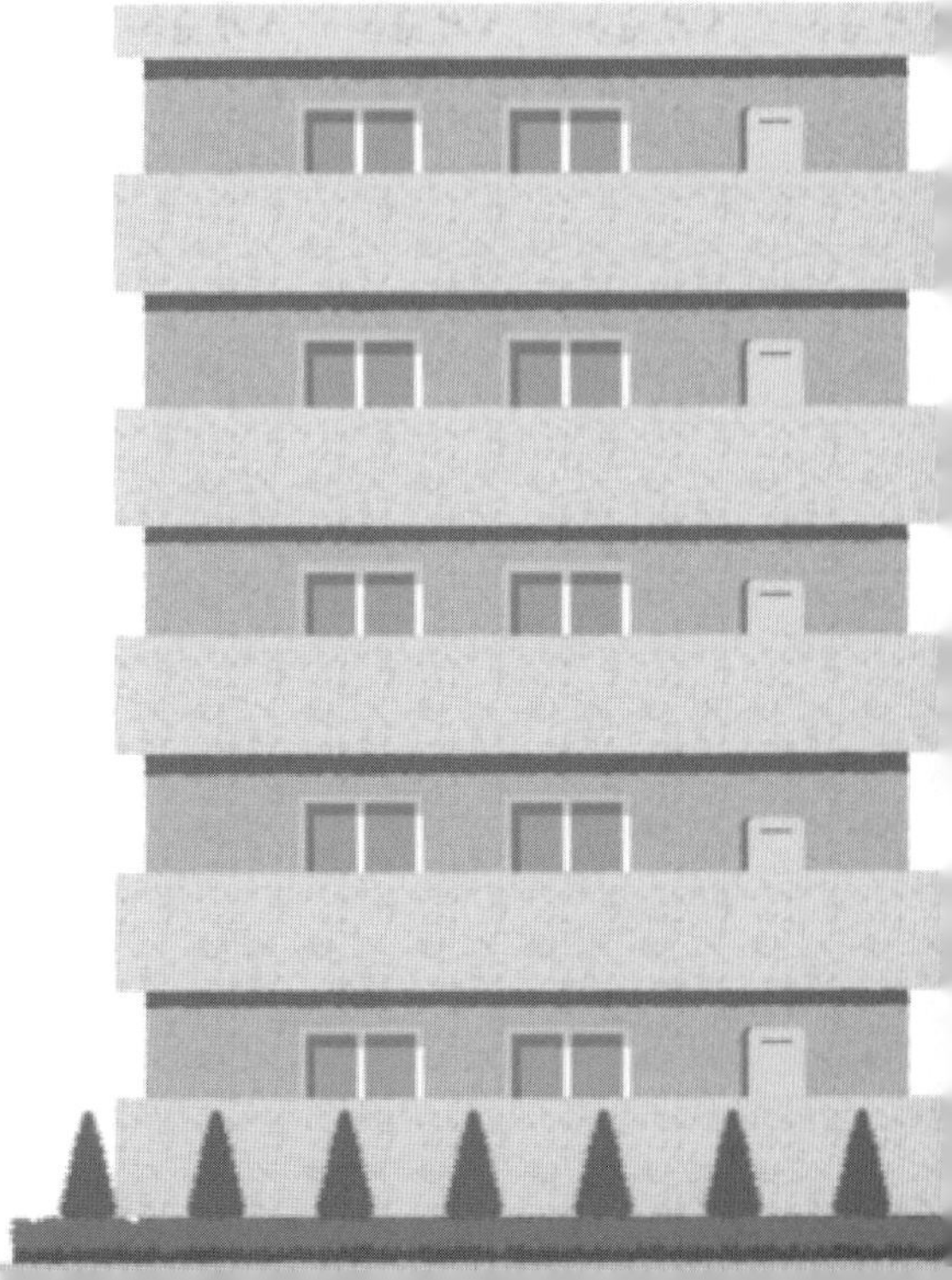

ここからは物件種別に分けて、不動投資の手法をご紹介していきます。

まずは初心者に人気の高い「戸建て投資」です。

融資が厳しい時期に人気のある現金投資では、価格帯が比較的低く現金でも購入がしやすい戸建て投資は現実的です。

物件の選び方から注意点、事例も合わせてご紹介します。

戸建の特徴はハードルの低さ

戸建て投資とは、戸建て住宅を賃貸用として貸し出す投資です。

立地や面積にもよりますが、数百万円程度から購入できるため、「借金をせずに現金で投資を行いたい」という初心者に人気があります。

逆に言えば、価格の低すぎる築古物件では取得費用として融資を使うのは難しいケースがあります。これは区分マンションも同様です。この場合、取得費用ではなくてリフォーム費などで融資を受けられる場合もあります。

ある程度の自己資金を貯めて現金で戸建てを購入、リフォーム費用を日本政策金融公庫などで借りるなら、初心者でも無理なくチャレンジできるでしょう。

戸建て投資のメリット

戸建てのメリットは、ある程度の広さがある物件が多く、その場合ファミリー向けとなるため、短期での退去が少ないことが挙げられます。

戸建てを好むファミリー層にとっては交通の利便性も大事ですが、環境を重視されやすいという特徴もあります。近くの学校やスーパー、病院の有無なども入居率に関係してきます。

また、騒音に対する近隣クレームがマンションより少ないのもメリットです。エントランスや階段などの共有部がないので、共有部の管理・清掃の必要がないのも強みと言えるでしょう。

そのため、自主管理で管理費をかけずに運営する投資家さんも多いです。

他にも出口を考える際に、入居者がついた状態で投資家さんにオーナーチェンジ物件として売却もできれば、空室の場合は一般の方にマイホーム用としても売れるのも魅力です。

マイホームを取得したい層の場合、買主さんは投資目的ではないので、収益物件として売るよりも高い値段がつく場合があります。

もちろん、その逆もあり中古住宅としては古くて売り難いような物件が、収益物件のオーナーチェンジでは高く売れる可能性もあります。

デメリットは修繕費とスピード

デメリットは、1物件に対して1世帯の入居が基本となるため、退去されると家賃収入がゼロになることです。

またファミリー向けが多く長期入居が見込めるため、長年住んだ入居者が退去した際には、部屋がかなり使い込まれている可能性も高いです。

くわえて戸建て物件は、単身向けの物件に比べて面積が広い場合が多いので、安く物件を購入できてもリフォーム費用がかさむケースもあります。

もう一点、大きなデメリットは規模拡大スピードの遅さです。当然の話ですが融資を使わない場合、自己資金を使い切ると買い増やすのが難しいです。

家賃を貯めて次の物件を買うため、どうしても時間がかかってしまうので、短い期間で規模拡大したい人には不向きです。それは融資を使わない現金投資であれば、戸建て・区分・一棟物すべてに当てはまります。

ただし、不動産投資はスピード・規模拡大ばかりを重視しなくても良いと思います。現金で購入すれば返済リスクもなくマイペースで投資できます。それでも、普通預金よりも利率は格段に良いはずです。

修繕費を見込んで購入する

戸建ての懐古物件は修繕に大きく費用がかかる場合があるとお話ししましたが、戸建て投資を成功させるには、この修繕の見極めとコントロールが大事です。
ただ、これは初心者にはなかなか難しいと思います。リフォームの相場というのはピンキリで、工務店によって全く異なります。また、どこまでリフォームしてキレイに直すかでも金額が大きく変わってくるのです。

初心者はリフォームに完璧を求める傾向もあるので、結果的に修繕をしすぎて当初の予算を大きく上回ってしまう場合も多いです。

リフォームの中で大きく金額がかかるのは水まわりです。特に配管などで問題があり、大きく修繕しなければならない場合は金額もかさみます。

また、家の傾きや雨漏りなど安価で修繕できるケースもありますが、初心者にはどのくらいの金額で修繕できるのか判断し難いので、安易に手を出すのはリスクがあります。

その辺りを自分で見極められる、もしくは誰か詳しい人に見てもらえるのであれば、中古戸建ては購入しやすくなります。

最近は築古の戸建てを安く購入してＤＩＹする人も増えています。

しかし話を聞いてみると、その多くはＤＩＹ未経験者です。

もちろん、ＤＩＹで成功している投資家さんもいますが、自身の知識や経験があることはもちろん、できないところを外注するなど、周囲の助けをうまく得ながら投資しているケースが多いです。

家賃相場は平均値ではなく物件個別

戸建て投資を始めるなら、他の投資と同様にインターネットで物件を探して、不動産業者に問合せるのが第一歩です。

ただし、収益向けの戸建てをたくさん扱っている会社はそう多くありません。

そもそも戸建は貸し家としての絶対数が少ないので、不動産投資家向けの物件検索サイトと同時に、一般向けの中古住宅・古家付き土地（建物があっても土地として売られている物件）を探してみましょう。

あわせて収益性や賃貸需要、家賃の相場などを自分で調査する必要があります。

家賃の相場を調べる際には「スーモ」「アットホーム」「ホームズ」など、賃貸情報サイトを確認します。

その際の注意点ですが、ほとんどの賃貸情報サイトには、新築の単価も入った上で相場価格が算出されています。新築の家賃は相場よりも高いため、相場を押し上げる形となります。

そのため戸建ての家賃相場を調べる際は、平均値を見るのではなく物件の築年数や平米数、駅からの距離などを物件個別で見ていく必要があります。

このとき、近隣に戸建てのライバル物件がなく、比較のしようがない場合もあります。ただし、近隣に競合がないのはむしろ朗報です。そのようなエリアだからこそ高めの家賃がとれたり、入居率が高くなったりする可能性があります。

また、戸建ての場合は築年数が古くても庭が広かったり、駅から遠いけれど駐車場を2台確保できたりと物件ごとに特徴が異なります。

ご自身の物件の強みと弱みを客観的に判断し、周辺と比較してどのくらいの家賃なら入居者がつきそうなのか、よく検討してみましょう。

【戸建て購入事例①】積算評価と利回りを両立する戸建てを購入

A・Tさん
サラリーマン
（36歳／男性）

物件概要

2023年購入　木造　1980年築
エリア：埼玉県狭山市／購入金額：720万円／利回り9・9％
キャッシュフロー：月額5・9万円／現金購入

サラリーマンのA・Tさんは、既にアパートを2棟所有されていました。これまでに積算評価の低い物件を購入されていて、「3棟目は積算が高いものを買いたい」とのことでした。積算が高くなると、本来は利回りが下がるのですが、「積算評価も収益性もどちらも高いほうがいい」という希望があり、結果、ご希望の物件を購入することができました。

最近の市況では、利回り9・9％はなかなかありません。これは「売ってほしい」とクリスティで委任を受けた物件です。

売主さんもクリスティの顧客であることのメリットは、情報が表に出ていないのでライバルが少ないということです。また、物件を探しているお客様がいればダイレクトに紹介できます。

とはいえ、こうした紹介ができるのも、お客様の希望を把握しているからであり、知らないとできません。また、このときは売却希望と購入希望のタイミングがたまたまぴったり合ったのも幸運でした。


私はよく投資家さんから「誰よりも早く紹介してほしい」とお願いされますが、同時にたくさんの人へは紹介はできません。やはりよく知っている人の顔が思い浮かぶものです。ですから定期的に顔を出したり連絡したりしておいてほしいです。


この物件の融資はトラストですが、9割融資で自己資金は1割でした。これは一般的です。融資期間が20年、金利3・9％と融資期間は少し短いです。

築年数は経過していますが土地が広い物件で、入居者は10年間も同じ方が住んでいます。

万が一退去した場合、この物件は接道も南向きなので日当たりはよく、再建築もできます。建て替えもできるし将来土地として売却もできる物件です。

N・Kさんからは「次の物件を探してほしい」とお願いされている状態です。

【戸建て購入事例②】300万円で利回り20％のオーナーチェンジ戸建て

O・Sさん
会社員
（48歳／女性）

物件概要

2024年購入　木造1993年築
エリア：千葉県四街道市／購入金額：330万円／利回り20％
キャッシュフロー：月額5・5万円／現金購入

現役会社員のO・Sさんに購入いただいた戸建は単純に価格が安いです。利回り20％あれば「買いたい！」という人が殺到します。

手放した売主さんは、そこまで利益を求めていない売主さんで、「元手は十分回収できて利益も得たので、そろそろ資産を組み替えたい」と当社に委任されました。

場所は千葉の四街道市です。一般的に「四街道ってどこ？」と聞かれるようなローカルな町ですが、工場が多く車で移動する人たちが多い典型的な郊外エリアです。

この物件は平成5年築で、そこまで築古でもボロボロでもなく悪くありません。入居者はこの物件の建て主さんだったのですが、住宅ローンを払えなくなり、手放してから賃貸で借りている状態――いわゆるリースバック物件です。

こうした物件に住む方は、基本的には退去しません。これもラッキーなケースです。もちろん、この戸建よりも安い価格の物件もあるでしょう。

しかし、空室物件を買って自分でリフォームしてそこから入居者付けをしてようやく高利回りが得られるより、賃貸中の物件を狙うやり方もあります。空室でリフォームが必要な物件のほうが安く買えますが、その後の苦労を理解して、どちらがご自身に向いているのかを判断しながら物件を選んでください。

ただ、このような物件は当社でも珍しいです。というのも一般的に価格が非常に安い物件は、報酬が低いにも関わらず、売買にかかる手間は同じなので、積極的に売ろうとは考えない営業マンが多数です。

もちろん、戸建てを専門に扱う業者もいますが、それは収益不動産を扱う会社の中ではイレギュラーです。当社の場合は、常に投資家さんや管理会社さんなどから委任物件を預かることが多く、色々な種類の投資物件の（アパート・マンションなどの一棟物件を中心に戸建て区分マンションも）売却依頼を受ける事が多いです。

営業マンからしても高い価格帯だけでなく、普通に200万円くらいから5億円くらいの物件を普段から扱っています。小ぶりな戸建て情報も定期的には入ってきます。

第5章

意外と選択肢が多い「区分マンション」投資

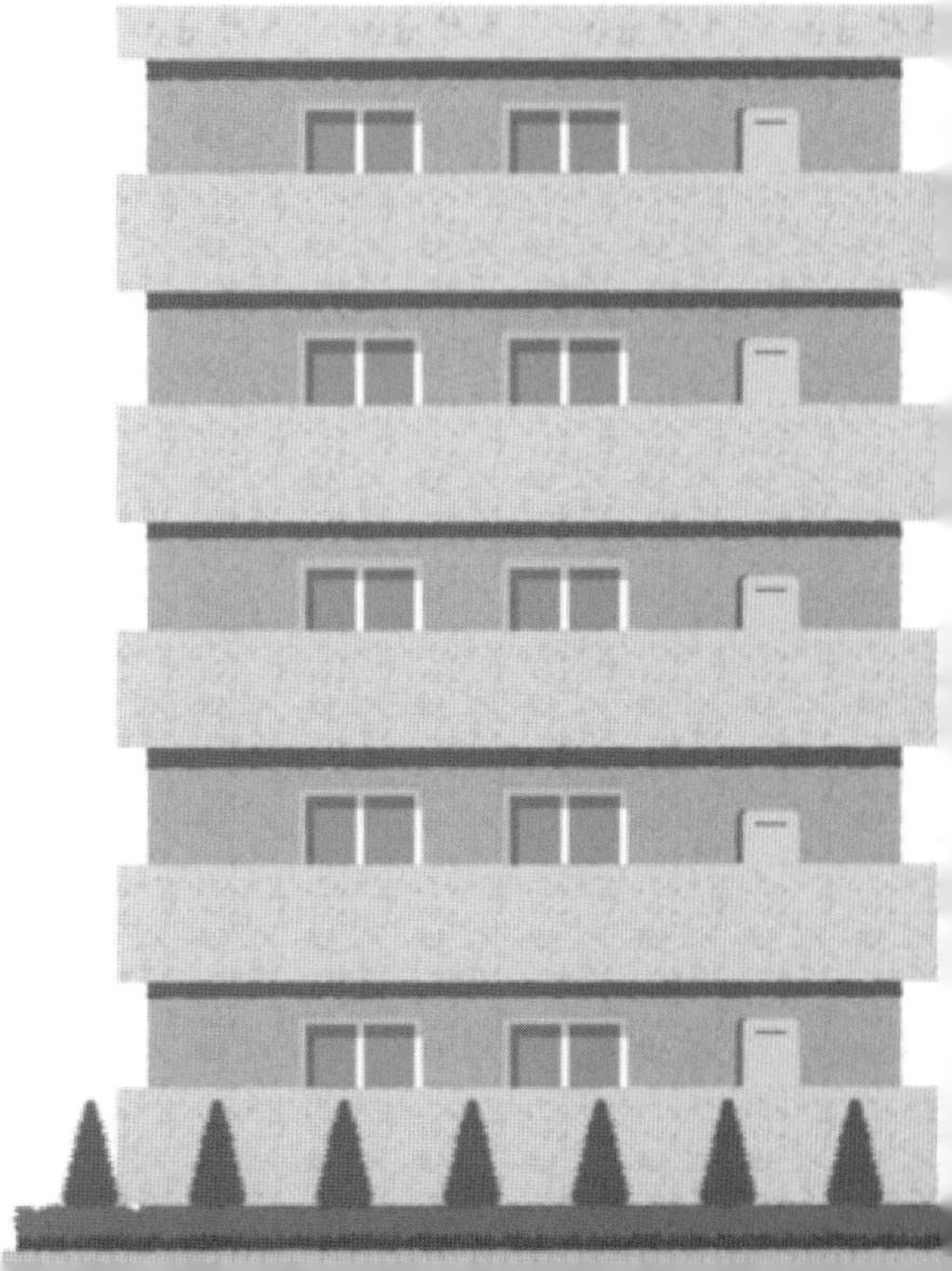

この章でご紹介するのは「区分マンション」投資です。

区分マンションは価格の相場がわかりやすく、最終的に売却しやすいとあって初心者に人気です。

単身向けの区分マンション投資で有名なのは「ワンルームマンション投資」ですが、ファミリータイプの物件もあります。

場所も都心から郊外まで様々な選択肢があります。

区分マンションの特徴は種類の多さ

区分マンションは一棟マンションの中の1室だけを購入する投資です。いわゆる分譲マンションを買って、それを投資にまわすイメージです。

一般的な知名度としては、「不動産投資＝新築区分マンション投資」というイメージが強いですが、実際には様々な種類があります。

大きく分けて単身者向けとファミリー向けがあり、さらに収益系とマイホーム系に分かれます。

収益系の区分マンションはシングル向けが多く、その多くがワンルームや1Kであることから「ワンルーム投資」とも呼ばれています。

中でも新築ワンルームマンションは第1章でもお話ししましたが、完全に収益向けに作られているものの、儲からない投資の代名詞でもあります。

というのも、販売価格が中古に比べて圧倒的に割高で、キャッシュフローが出にくいのです。

また、新築ワンルームの場合は、よほどの好立地でもない限り、経年とともに価格が下落するので、売却を考えたときに希望する金額で売れにくいこともあります。

こうした新築ワンルーム物件は家賃が入っても数千円ほど。それどころか、月々に数千円から1万円程度のマイナスになる物件もあるくらいです。

それなのに、なぜこうした新築ワンルームマンション投資をする人がいるのかと言えば、節税対策になるからです（詳しくは本章の最後の項目で解説します）。逆に、節税が必要でない人にはお勧めできない投資法なのです。

同じ区分マンション投資でもファミリー向けマンションの場合は、マイホーム用に売られている区分マンションを中古で購入して賃貸向けに運用します。この場合は、ファミリーにニーズが高い戸建て投資と似た特徴を持ちます。

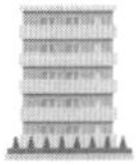

区分マンションのメリット

区分マンションの場合はマーケットが成熟しており、販売会社もたくさんあるのが特徴です。

特に中古区分マンションは数多くの物件から選べます。駅近が良ければ駅近の物件、広めが良ければファミリータイプも選べますし、ちょっと郊外へ行けば200万円程度の物件もあります。

過去の検討する物件の取引事例を、初心者でも簡単に調べられるのも、こうした中古区分マンション投資のわかりやすさです。

インターネットで物件名を入力するだけで情報を見られますが、一棟物のアパートやマンションではそういう訳にはいきません。

区分マンションの注目ポイントとしては、築古の物件ほど好立地にある場合が多いです。

立地が良ければ入居率は高いですし、家賃も下落し難いと言えます。そして、なにより管理の手間は戸建て以上にかからないのも大きなメリットです。

くわえて新築区分マンションに多いのですが、提携ローンなどパッケージ化されているケースがあり、こうした案件では融資を受けやすい傾向があります。

新築の区分マンションの場合、分譲をしている不動産業者の系列の管理会社やサブリース（借り上げて第三者へ転貸する仕組み）などもあるため、運営しやすいのもメリットと言われています。

このように購入から運営の仕組みが整っているため、区分マンション投資は初心者向けとされています。

その他のメリットとして、戸建てや一棟物に比べて修繕費がかからないことが挙げられます。新築であれば当面は修繕が発生しないでしょうし、ワンルームなら面積が狭いので修繕費が安価で済む可能性も高いでしょう。

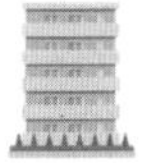

デメリットは空室でもコストがかかること

区分マンションは、戸建て同様に退去があれば家賃収入はゼロになり、空室期間であっても管理費や修繕積立金といったランニングコストがかかります。

管理費とは建物の維持管理のための費用で、常駐の管理人がいるならその人件費。その他、消防機器の定期点検や建物共有部の掃除、電球交換などの費用が含まれます。

修繕積立金は、屋上防水や外壁塗装など大規模修繕のために貯めているお金で、中古であれば購入時に引き継げます。

通常、戸建てや一棟物件だと、経年劣化による外壁の塗り替えや修繕はすべてオーナーが負担しますが、区分マンションは前オーナーが積み立てていたお金も引き継げるわけです。修繕積立金も、物件のための修繕費を貯金していると捉えれば納得できるでしょう。

区分マンション投資で懸念事項を挙げるとすれば大規模修繕です。ここにはマンションの管理組合の内容が関わってきます。しっかりと修繕していて、きちんと維持管理されていない物件は資産価値も下がります。

特に旧耐震（旧耐震基準のマンション。1981年（昭和56年）6月1日以降に建築確認を受けていれば新耐震基準となる）は避けたほうがいいです。

その理由としては、安全性もありますが融資が通りにくいからです。たとえ自分が購入できても、出口（売却において）で次の人が融資を使えないと売却もスムーズにいかないことが多いです。

築古物件を購入する際に、中には水まわりの配管を気にする方もいらっしゃいます。最近では塩ビ管が主流となっています。鉄管の場合は錆びますので、適切なメンテナンスが必要になります。ただ、そこを気にしていたら投資できる対象がかなり限定されてしまいます。

このように大規模修繕は懸念事項とは言えますが、管理組合がきちんとしていて修繕積立金が貯まっているのであれば、あまり気にしなくてもよいでしょう。50戸以上あれば、修繕積立金がそれなりに貯まっているケースが多いです。

～新川義忠「9作目」新刊出版記念～

『不動産投資“1棟目”の買い方セミナー @東京開催』

ゲスト講師
人気投資家
中島 亮さん

新刊読者無料！

本書をお読みいただきありがとうございます。文中でお伝えしたように不動産投資は「はじめ方」次第で結果が大きく変わってきます。読者の皆さんには、ぜひ失敗しない手法を知り、楽しみながら不動産投資に挑んでいただきたいと思います。そこで新刊の補足として、業界の最新状況や本の内容補足を紹介するセミナーを開催させていただきます。読者の方は無料ですので、ぜひこの機会にリアルな不動産投資の現場を学んでみませんか。また、ゲスト講師には本書にも登場していただいた「人気投資家の中島亮」さんをお招きします！元サラリーマンから家賃年収1億円以上を築き上げた中島さんのテクニックをお話しいただきます。

【以下の8月【東京】開催のほか、10月に埼玉（大宮）で同内容セミナー開催も決定！】
※詳細は富士企画ホームページにて随時発表→ https://www.fuji-plan.net/

【『不動産投資“1棟目”の買い方セミナー　@東京開催』概要】

◆講師：新川義忠　◆ゲスト講師：中島亮さん
◆日時：2024年8月24日（土）・15時より120分予定
※セミナー後、個別質問、新刊サイン入れの時間もございます。
◆会場：東京都内セミナールーム（詳細はお申し込み後にお知らせします）
◆参加資格：本書の読者　◆会費：無料
※受付にて本書『成功事例から学ぶ！不動産投資“1棟目”の買い方』をご提示いただきますので必ずご持参ください
◆募集：先着30名予定　◆懇親会あり（希望者のみ、17時頃より2時間、会費制3000円）
◆セミナー内容（一部変更の可能性もございます）

【新川義忠の話（60分）】
■不動産投資をはじめた方々のリアルSTEP紹介
■2024年の「融資」を使った不動産投資事例
■不動産投資を成功する方の共通事項とは・・・ほか

【中島亮さんの話（60分）】
■1棟目購入から成功軌道に乗るまでの秘話
■サラリーマン兼業大家時にやっておくべきこと
■直近の地方物件購入事例・仲間の成功事例・・・ほか

購入以外の
・融資　・売却
・空室対策…等
何でもご質問受付ます。
お気軽にご参加下さい！

◆新刊セミナーへのお申込みは以下URL・QRコードよりお願いいたします。
【『不動産投資“1棟目”の買い方セミナー@東京開催】
https://ws.formzu.net/fgen/S877568918/

著者 新川義忠 の活動紹介！

【(株)クリスティ、富士企画(株)代表】

「クリスティ&富士企画 主催　不動産投資セミナー」

毎月、大宮のクリスティと富士企画の社内セミナールームや近辺会場で、
不動産投資に役立つ様々なテーマをピックアップしてセミナーを開催して
おります。どなたでも参加できますのでぜひお気軽に足をお運びください。
テーマ例：物件購入、物件売却、融資、空室対策、税金対策、相続…ほか

【直近の開催(2024年7月)】

クリスティ(大宮)「はじめての物件購入・失敗しないための3つのポイント」
◇セミナー詳細　https://www.christy.co.jp/

富士企画(四谷)「投資物件の上手な売却戦略(初心者向け)」
◇セミナー詳細　https://www.fuji-plan.net/

【不動産投資 クリスティ&富士企画公式チャンネル】

youtube.com/c/fujikikaku-christie　※YouTube検索→「富士企画」

不動産投資・個別相談（無料・随時受付）

この個別相談の目的は不動産投資に興味をもっているお客様に対して不安や疑問を解消して頂き、失敗しない不動産投資を実現して頂くためのサポートです。この個別相談により多くの大家さんが誕生し、規模を拡大させ、トラブルを解決されています。不動産投資に関する疑問は何でもお気軽にご相談ください。(以下のような行為は一切行いません。自分だったら絶対にしないような資金計画のアドバイス、強引なセールスや売り込み、悪いことを伝えるべきなのに良いことばかり強調する)

個別相談へのお問い合わせ・お申込み

https://www.christy.co.jp/consultation/

※ご相談内容の欄の最後に「新刊を読んだ」
とお書きください。
または、新川義忠LINE@　ID【@surfrider】
でも受け付けております。

LINE@での
質問はこちら

では、修繕積立金が貯まっていない物件はダメなのかというと、そんなことはありません。長期修繕計画通りに則って大規模修繕した結果、ちょうど修繕積立金を使ったタイミングの場合もあるからです。

そこを理解せず、「修繕積立金が貯まっていない物件はダメだ」と考えるのは間違っています。どの時期に、どのような修繕を行っているのかは修繕履歴を確認しましょう。

長期修繕計画、修繕積立金、50戸以上という条件以外だと、戸数に対するエレベーターの基数、管理費が高過ぎないかなどもポイントになりますが、いずれにせよ安く買えれば問題ありません。

節税目的で購入していいのか

新築区分マンション投資のセールスによく言われるのが「節税効果」です。家賃収入など不動産所得は、給与所得と損益通算ができます。

特に給与収入が高い方、つまり所得税が高額な方が不動産所得で赤字計上をして、給与所得と損益通算すれば、天引きなど既に納付した税金の還付を受けられます。

このように不動産投資には赤字であっても、その赤字を使って税金還付を受けて手取りが増え、結果的にはプラスになるスキームもあります。

こうしたケースは投資という視点では失敗でも、全体の収入を上げる点では成功と言えるのです。

ただ、節税目的以外で新築区分マンションを購入するのは反対です。詳しくは、第1章のアドバイスをご覧ください。

失敗者も続出している区分マンション投資だけに、一部では「区分＝儲からない」という印象をお持ちの方も多いですが、それは早計です。マーケットや仕組みが整っている区分マンションは、投資対象として非常に優秀だと思います。もちろん高く買ったらいけませんが、安く買えていたら全く問題のない投資対象です。

自己資金500万円で初めてのワンルーム区分投資

M・Kさん
OL
（40歳／女性）

物件概要

2020年購入　RC造　S63年築　区分マンション
エリア：埼玉県三郷市／購入金額：360万円／利回り15％
キャッシュフロー：月額45000円／現金で購入

広告業をされているM・Kさんは、かつて富士企画を担当されていた方で、3年ほど仕事上の付き合いがありました。

もともと不動産投資には全く興味を持っていなかったのですが、私と不動産投資について話をする機会があり、「不動産投資をしたい」と希望された経緯があります。

私たちを完全に信用していただいて「これだという物件があれば、ご紹介ください」と言っていただけました。

どんな物件がご希望か聞いたところ、自己資金が500万円ほどあり「諸費用込みで自己資金以内で購入できる中古区分マンションで失敗しない物件が欲しい」とのことでした。

それが2020年早々の話で、ちょうど同じタイミングで5年ほど前に買っていただいたお客さんから、区分マンションの売却の依頼を受けました。そのお客さんは「購入金額と同じ金額であれば売りたい」という意向でしたので、5年前に購入した金額でM・Kさんに買ってもらいました。

場所は埼玉県三郷市にあります。駅から徒歩5分程度にある小ぶりなワンルームマンションですが、利便がよく単身者に人気です。

現金購入でオーナーチェンジなので、購入後すぐにキャッシュフローが得られます。購入してから半年ほど経過していますが、とくにトラブルもなく順調に回っている状況です。

まとまった現金を普通預金に入れたまま、何もしていない小金持ちの人は沢山いると思います。そういう方たちの中には、不動産投資というワードを「ギャンブル」「危険」と捉えている場合が多いですが、勇気を出して一歩踏み出せた人達が、結果的に資産を増やしています。視点を変えれば「チャンス」になるのを知ってほしいです。

なお、売却された方はHさんといいますが、5年所有しても同じ金額で売れるので喜んでいただけました。

購入していただいたお客さん、売却したお客さんどちらも満足いただけて良かった事例です。

金額・利回り・立地で決めたワンルームマンション

G・Hさん
サラリーマン
（30歳／男性）

物件概要

２０１９年購入　ＲＣ造　Ｓ61年築　区分マンション
エリア：埼玉県桶川市／購入金額：２７０万円／利回り16％
キャッシュフロー：月３６０００円／現金で購入

独身のサラリーマンＧ・Ｈさんは、年収４２０万円で自己資金が４００万円ほど。

昨年から不動産投資に興味を持つようになり、勉強を始められたそうです。

もともとは融資を受けて一棟アパートを買いたいという話でしたが、現状の属性で一棟物件の購入が難しかったこともあり、小ぶりの戸建てか区分マンションへ方向転換をされました。

購入されたのは埼玉県桶川市にある区分マンションで、駅から徒歩10分内、広さは16平米ほどでオーナーチェンジになります。

この物件を購入するまでに、いくつかの区分マンションや戸建てを紹介しており、そのすべてをご自身で見に行ってもらいました。

その中で、この物件が金額や利回り、立地などトータル的にみて、もっとも希望に近く購入に至りました。

購入したのは昨年末で、その後は特に何も起こっていません。順調に稼働しています。


不動産投資と言えば、一棟物件を希望される方も多いのですが、中古の区分マンションから不動産投資をスタートする方も少なくありません。

もちろん融資を利用してレバレッジをきかせた不動産投資も魅力はありますが、現金購入で安心感のある投資にもまた違った魅力があります。

不動産投資の正解はいくつもあるのです。

少額の区分マンションからスタートして、コツコツと物件を増やしていくのは再現性も安全性も高い投資です。

借金を背負いたくない方、融資を受けにくい方であれば、現金で始める中古区分マンション投資もお勧めだと思っています。

第6章

融資が使えるなら一棟物件（アパート・マンション）投資

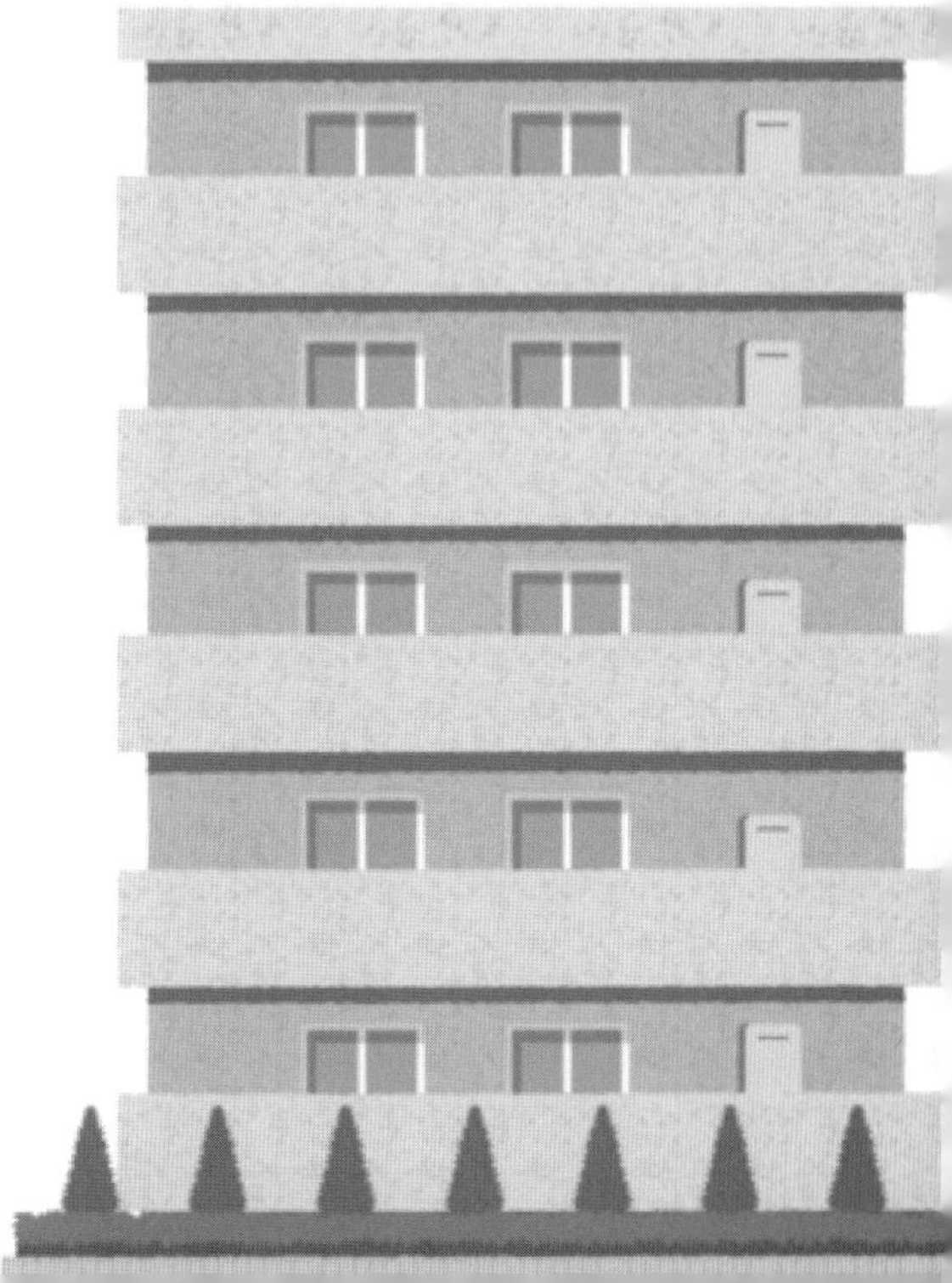

第6章では住居系の一棟物件（アパート・マンション）を紹介します。

構造は木造・軽量鉄骨造・重量鉄骨造・RC造・SRC造と種類は様々。

物件の規模も2戸や4戸といった小ぶりのものから数十戸の大所帯まであります。

価格もそれこそピンキリで、一千万以下のものから億を超えるものまで、最も選択の幅が多い投資手法です。

一棟物件の特徴

一棟物件は、アパートやマンションなどを丸ごと一棟運用する投資手法です。種別は構造や規模によって異なります。マンションとアパートの違いですが、じつは明確な定義はなく、どちらも「共同住宅」「集合住宅」の意味を持ちます。

一般的に木造・軽量鉄骨造の小ぶりな一棟物件をアパート。

重量鉄骨造・ＲＣ造（鉄筋コンクリート造）・ＳＲＣ造（鉄骨鉄筋コンクリート造）の大規模物件をマンションと呼ぶことが多いです。

住居系一棟物件の投資対象では新築・中古どちらもあります。

流通している物件数はアパート・マンションともに中古物件が多いですが、新築木造アパートは中古物件に比べて融資が付きやすい傾向があります。

また、地主さんをターゲットにした相続税対策としても新築アパートが主流になっ

アパートとマンションとの違い

	規模	構造	耐用年数
アパート	小規模	木造	22年
		軽量鉄骨	19年（骨格材肉厚3ミリ以下）
			27年（骨格材肉厚3ミリ超4ミリ以下）
マンション	大規模	重量鉄骨	34年（骨格材肉厚6ミリ超）
		RC造・SRC造	47年

※鉄骨やRC造のアパートもあり、この表はあくまで目安となります。
どちらも「共同住宅」「集合住宅」となり、明確な定義はありません。

ています。この場合は大手アパートメーカーの軽量鉄骨造のアパートが多く見られます。

　融資付けにおいて、融資期間を決める重要な指標に法定耐用年数（法律で定められた建物の耐用年数）がありますが、RC造・SRC造の物件は47年と長いため、築20年であっても残耐用年数が27年あり、融資期間も長くとれるケースがあります。

　対して木造アパートの法定耐用年数は22年ですから、築20年ともなれば残耐用年数は2年となり融資が受け難くなります。

　とはいえ第3章で述べたように、金融機関によっては法定耐用年数を超えた物件に対しての融資もあります。

一番のメリットはレバレッジのかけやすさ

住居系一棟物件の大きなメリットは、戸建てや区分マンションよりも規模が大きいのでレバレッジがかけやすい点です。第1章でも説明しましたが、同じ自己資金でも融資を使えば投資効率は良くなります。

300万円で300万円の戸建てを購入したらレバレッジは1倍ですが、3000万円の物件が購入できればレバレッジは10倍です。

くわえて、この物件の利回りが12％で金利が2％だとすれば、「10％＝300万円」が年間の収益です。

もちろん管理費用や修繕費、税金などはかかりますが、それが家賃収入の50％だったとしても150万円が手に残ります。

この手残りをキャッシュフローと言いますが、「レバレッジをかけて物件を購入し、キャッシュフローを得る」というのが不動産投資の王道です。

買う物件を間違えたら被害も大きくなりますが、よほど変な物件でも買わない限り、レバレッジの考え方で投資したほうが効率的に資産を拡大できます。

その他のメリットとして、空室に対してリスクヘッジできます。

第3章の返済比率の説明でもお伝えしましたが、たとえ所有物件が空室になったとしても、6室なら6分の1、10室なら10分の1、30室なら30分の1の空室率になります。部屋数が多くなるほどリスクは減るのです。

これが区分マンションや戸建てだと、空室になれば収入はゼロになってしまいます。しかし、一棟物件の場合はきちんと修繕や空室対策をしていれば、よほどのことでもない限りすべて空室（全空）になりません。

物件規模にもよりますが、修繕に関してもスケールメリットがあります。

例えば100戸以上を所有する大規模な投資家さんで、年間を通じてリフォームを発注しているのであれば、リフォーム会社に割安で施工してもらえる可能性があります。

　また一棟物件の場合、無料インターネットやセキュリティカメラなど人気設備の導入や、共用部へ季節に合わせた飾りつけをして物件の印象を良くするなど、入居者に喜んでもらえる努力で空室対策が行えます。

デメリットは修繕費

　一棟アパートやマンション投資のデメリットは、まとまって退去された場合、修繕費が多くかかってしまう可能性が高いことです。

　入居者が立て続けに出たときに修繕をするお金が貯まっていないと、空室のままローンだけを支払い続ける状況に陥ります。

　こうした時のリスク回避の方法としては、まとめて空室が発生した場合、簡易なリフォームや掃除だけですぐ貸せる部屋であれば、スピーディーに対応します。

　逆に修繕費用が高くなりそうな部屋は、しばらくキャッシュフローを貯めてから修繕するのもありでしょう。スピーディーに適正な判断を行って、少しでも空室期間を短くしていくように調整しましょう。

これは大規模修繕についても同じです。区分マンションだと自分の判断で修繕するタイミングを決められませんが、一棟物件ならそれが可能です。

お金のかけ方も専有部（室内）にかけるのか、共用部（階段・エントランス・廊下など）にかけるのか、オーナーに裁量権があると言えます。

基本的に、一棟物件はお金がかかるものと思ってください。普段使っている口座とは別に不動産専用の口座を用意し、将来に起こる修繕費用のためにお金を貯めておきましょう。


その他のデメリットとして、管理の費用や手間がかかることが挙げられます。自主管理も可能ですが、戸建てと違って規模があるので、管理費を支払って管理会社にお願いすることが多くなるでしょう。

また、区分マンションは清掃業者が決まっている場合が多いのです。管理会社にお願いできますが、自分で手配しなければなりません。

共有部の定期清掃にくわえて、駐車場や駐輪場があればそれらの管理、敷地が広ければ草取りなどの業務もあります。

続いては災害リスクです。

例えば、東京・北海道・仙台・大阪・福岡に区分マンションを持つ人と、東京に5戸の一棟物件を持つ人の場合、同じ5室という点では変わりません。

しかし、もしも首都直下地震が起きて東京に壊滅的な被害が出たら、前者の人は5分の1のダメージで済みますが、後者の人はすべてダメージを受けます。

このように区分や戸建てを複数所有するのと、一棟物件を1カ所に所有するのとでは、後者のほうが災害リスクは高くなります。

これは災害だけでなく、入居者トラブルや事故などの発生でも同じです。

所有物件に新聞沙汰になるほどの事件や自殺が起きて事故物件となった場合、かなり売りづらくなるでしょう。

ただ、事件が起きたからといって、既存の入居者がすべて退去してしまうのはなかなかありません。事故の起こった部屋も、家賃を下げれば入居者が見つかる場合が多いです。

リスクを分散する意味では、複数の場所に複数棟の物件を所有しているのがベストでしょう。これに関して言えば、一棟物件も戸建ても区分マンションも変わりません。

ただし、エリアを絞ってドミナント戦略で不動産投資を進めたほうが物件情報は入りやすい、管理しやすいなどのメリットがあります。

リスクと投資効率に対する考え方は、ケースバイケースと言ってよいでしょう。

一棟物件の選び方

一棟物件を買うなら、関東に住んでいる人であれば関東圏。関西に住んでいる人なら関西圏など、地縁のあるエリアで購入されるのが一般的に多いパターンです。

土地勘も何もないと、購入はできても自主管理すると運営で行き詰まるケースがあります。

また、遠方に物件があると空室対策のためにできることも限られてきます。
やはり自主管理を考えている方は、ある程度は目の届くエリアで購入したほうがいいと思います。

物件の構造、種別や規模について言えば、その方の好みもありますが、購入できる物件については融資に左右されるところが大きいです。
繰り返しになりますが、サラリーマン投資家さんの場合は特に属性がキーワードとなります。

年収や資産背景はもちろん、営業エリアの限られた信用金庫などは住んでいる地域で使える金融機関が変わりますので、それによっても投資できる物件が変わってくるのです。

S・Yさん
会社員
（45歳／男性）

【一棟物件購入事例①】節税効果の高い高利回りアパート

物件概要

2023年購入　木造　1990年築
エリア：栃木県宇都宮市／購入金額：4800万円／利回り12・2％／キャッシュフロー：月額約48・8万円／融資：三井住友トラスト・ローン&ファイナンス銀行　融資金額4420万円　期間30年　金利3・9％

S・Yさんは元からの知人です。年収2000万円で自己資金が2000万円という、いわゆる高属性ですが、所得税の負担が多いので減価償却がとれる築古物件を希望されていました。

購入いただいたのは4800万円という手頃な価格のアパートで、利回りも12・2％ある、いわゆる中古利回り物件です。

これは何十年も前に、私が売主さんに買ってもらった物件でした。当時の売主さんもそれなりに儲かっているはずです。今回この物件の管理会社が売却の依頼を受けたのですが、この会社は売買を扱わないので当社に相談いただきました。

家賃も適正で稼働もよく、大規模修繕はしていないものの、建物に問題がない状態でした。もちろん管理会社もついていて適切に管理されており、売主さんが長年ほったらかしにしていた物件ではありません。

金融機関はトラストで融資期間30年、金利3・9％。

減価償却を使った節税のための不動産投資は、高収入の人に人気です。「耐用年数の切れている古い木造の物件を買って、4年間で減価償却を取る。それにより所得税の節税をする」という手法は、常にニーズがあります。特にこの物件は高利回りなので、節税しながらもちゃんとキャッシュフローが得られます。

不動産投資の手法でいうと、法人名義で買って規模拡大する路線もあるけれど、王道の投資手法として、「高額所得者の人が所得税圧縮のために不動産投資をしたい」という需要があるのです。その儲からない典型が新築の区分マンション投資です。節税はできるけれど利益が出ません。

とはいえ、そういう高属性の人は現金をたくさん持っていて月々の給与も高いですから、儲からない新築の区分マンションを買っても大した問題ではありません。しかし中古業界の私たちからすると、「節税のためとはいえマイナスにするのはどうなんだろう」と思ってます。それでも何もやっていないよりはやったほうがいいです。少なくとも節税目的には合っていますから。

この方のケースは1棟目から所得税を下げながら、キャッシュフローも得られる成功パターンです。

【一棟物件購入事例②】

地元信金を使って20世帯の大規模マンションを購入した中堅投資家さん

W・Aさん
自営業
(54歳/男性)

物件概要

2023年月購入　RC造　昭和53年築　4階建
エリア：福島県郡山市／購入金額：6300万円／利回り19％／キャッシュフロー：月額99・7万円／融資：横浜幸銀信用組合　融資金額5600万円　融資期間15年　金利2・5％

この物件を購入されたW・Aさんは新規のお客さんです。以前から「融資を使って地方高利回りがやりたい」と相談を受けていました。

年収1000万円以上の方で、既に中古アパートを3棟所有されており、家賃収入が2000万円を超えています。借入れは8000万円ほどと少なめで、自己資金は4000万円あります。大規模ではありませんが、余裕のある投資家さんという印象です。

ご希望を聞いてから少しして、委任物件として、この物件を預かりました。売主さんは都内在中の方で、十分に利益を得たため売却を決意されたそうです。

いわゆる高利回り物件ですが、地方にある旧耐震基準（1981年5月31日までの建築確認において適用されていた古い耐震基準）の物件の場合、ノンバンクのエリア基準を満たしていなければローンが難しいです。

委任を受けた際、「物件はいいけれど融資が出にくいかな」と案じていたところ、とある金融機関から声がかかり、福島県でも積極的に検討いただけることがわかりました。

この金融機関で物件の評価基準を満たしていることがわかり、「融資が出る！」と社内の営業マンに情報が共有されました。

各営業マンが「高利回り物件が欲しい」と希望される自分の顧客に情報を流したところ、W・Aさんが「ぜひ、購入したい」と希望されて、購入いただくことになりました。欲しいと手を挙げた5〜6人の中で、トップバッターだったのです。

購入価格6300万円のうち9割融資が出ます。金利も2・5％で、期間は15年と少し短いけれど、利回りが19％もあるから問題ありません。1日で決まった人気物件でした。

第7章

先を考えて「出口戦略（売却）」も知っておこう

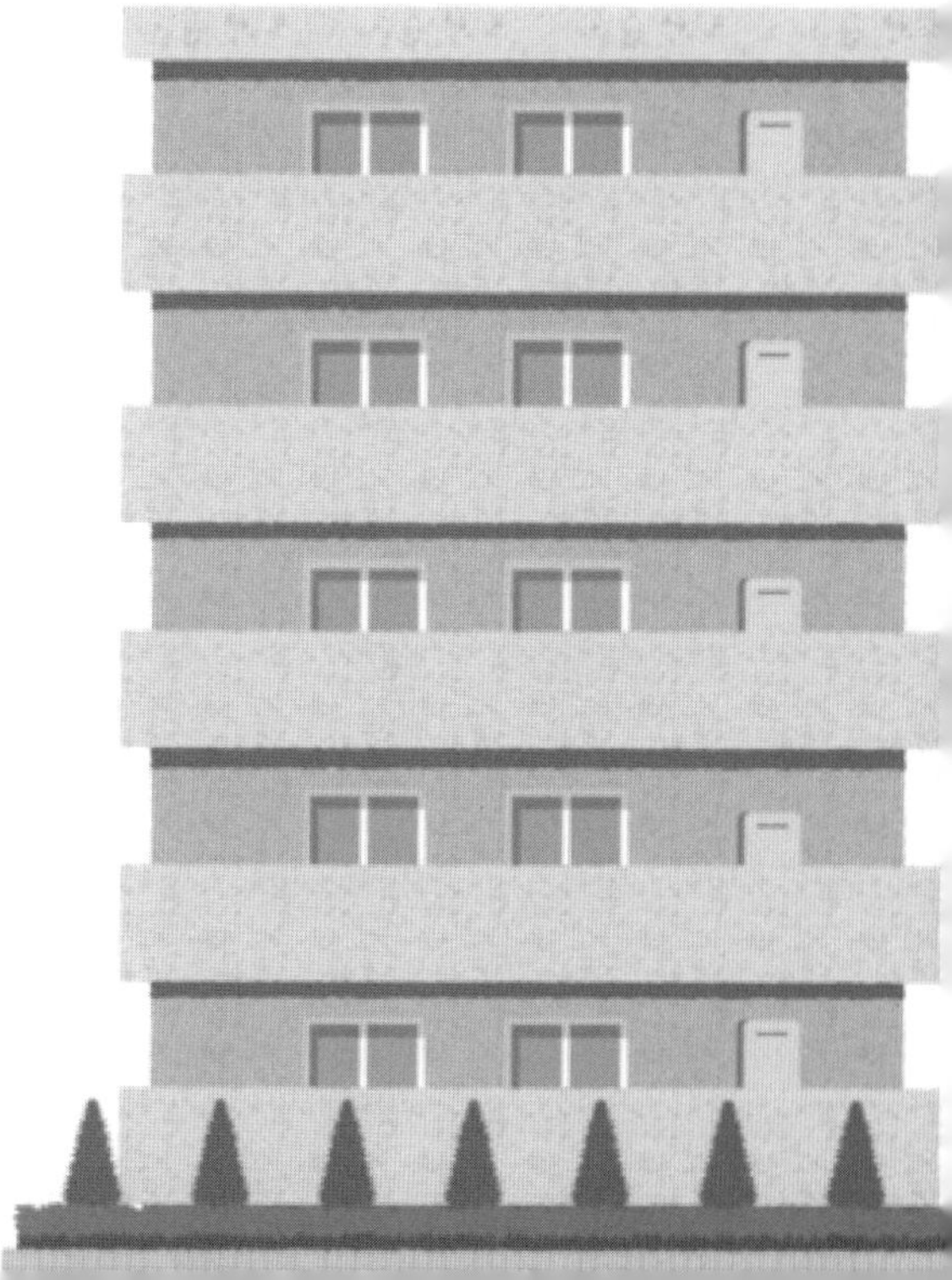

本章では、将来的にその不動産をどう売却していくのかという「出口戦略」について解説します。

つい「購入」ばかりに目を向けがちですが、不動産投資では「出口」によってその投資の最終的な投資の成果が判断されます。

物件種別ごとの特徴やタイミングにくわえて、売却の手順を初心者にもわかりやすいようにまとめました。

なお、本作は「不動産投資のはじめ方」をテーマにしているため、売却手法については簡略化させていただいております。出口戦略についてさらに詳しく知りたい方は、私の前作『初心者でも「高く」「早く」売る！不動産売却〝成功〟への道しるべ』（ごま書房新社）をご覧ください。

不動産投資では「出口」も大事！

不動産投資で収益を得る方法は、主に「インカムゲイン」と「キャピタルゲイン」の2つがあります。

不動産投資におけるインカムゲインは「家賃収入」、キャピタルゲインは「売却益」です。所有物件を売却し、キャピタルゲインを得て投資を終えることを「出口」と呼びます。

出口戦略では、物件を売却してローンを返済した際に、どれだけ利益を確保できるかが重要となります。

例えば運用している間は順調でも、出口で失敗して売却益が出ないどころかマイナスになってしまい、これまでのインカムゲインが無駄になる可能性もあります。

逆に、インカムゲインが少なくても大きな売却益を得られれば、投資としては大成功と言えます。

つまり、出口とは投資の成否を左右する非常に重要なポイントとなります。

しかし現実には、出口の重要性を知らず、物件選びや資金計画など「入口」ばかりに気を取られている人が多いです。

もちろん、買ってすぐ売らなくてはいけないような事態になってはいけません。また、転売益を目的とした売買は、宅建業の仕事ですから投資家さんにはできません。

とはいえ、出口を無視した投資は失敗する可能性が高くなるため、購入時には必ず「出口」を意識してください。

物件種別ごとの出口戦略

ここからは、第4章から第6章までに紹介した物件種別ごとの出口戦略を紹介します。

■戸建て

戸建て投資は出口のとりやすい投資と言われています。

なぜなら、入居者がいる状態で投資家にオーナーチェンジ物件として売却もできますが、空室の状態で一般の方のマイホーム向けにも売却できるからです。

その際に基準となるのは利回りで、高利回りであれば売りやすいです。そして高利回り物件として市場に出すためには、賃料を少しでも上げる努力が必要です。価格帯が低ければ現金で買える投資家さんが増えるため、より売却しやすいでしょう。

これがマイホーム向けに売る場合は利回りの基準がなくなり、小学校・中学校の学区など周辺環境が影響します。

さらに建物のメンテナンスやリフォームがされていれば売りやすくなります。

出口を考える際には、「収益物件として売却」「マイホーム向けとして売却」のどちらがより高く売れるのかの検討から始めましょう。それにより、最初に購入したあとに施す修繕の内容や金額も変わってきます。

なにより投資の出口で利益を出すためには、より安く購入するのが重要です。基本的には戸建て以外でも同様ですが、戸建ての場合はより安い価格帯で購入できるため、初心者でも取り組みやすいです。

築古のボロ物件を購入し、ＤＩＹやリフォーム業者に安く発注して、上手に再生するのが得意な投資家さんもいます。

初心者には難しくても2戸目、3戸目と経験を積んでから挑戦してもよいでしょう。

■区分マンション

基本的なところは戸建てと同じです。

シングル向け物件であれば利回りを基準にしたオーナーチェンジですが、ファミリータイプであればマイホーム向けとして売却もできます。

ワンルームマンションについてはネガティブ情報も多いのですが、むしろ売りやすさは戸建て以上です。

第3章でお伝えしたように、中古区分マンションのマーケットがあり、過去にどのような値段で取引されているかのデータがあります。

そのため、相場で売却するのであれば、どんな市況であっても売却できます。

逆に言えば、高値で買ってしまうと値段を下げなければ売れず、相場よりも安く購入できていれば相場並みで売れるため利益を得られます。

■一棟物件

一棟物件の出口の基準は「利回り」です。ただし、利回りの基準はその市況や融資によるところが大きいです。


例えば、2018年までの数年間はサラリーマン投資家さんに対しての融資が拡大していたため、年収800~1000万円程度であれば、一棟物件のフルローン融資が受けやすい状況でした。少ない自己資金で大規模投資ができるとあって、不動産投資を行いたい初心者が殺到。

その結果、一部の業者が「一部の銀行だけで評価が出る物件」を多数売るケースが発生しました。
一部の銀行でしか評価が出ないのであれば、他の金融機関から融資を受けられない可能性が高いです。そのため、そのタイミングで高く買ってしまった投資家さんは売るに売れず困っている人も大勢いらっしゃいます。

このようなかつての市況と、ここ最近の融資が厳しくなっているタイミングでは、「物件を購入したい」という意思があった上で、融資を受けられる方の数が減ってくるため、高く売りたいと思ってもなかなか売れない場合があります。

ただし、そうした市況であっても投資家さんからのニーズがある物件もあります。その一つが「銀行評価の出やすい土地値の高い物件」です。

土地値物件であれば築古になっても、極端に値下がりせず売却できます。

建物の状態に関して言えば、築年数が新しく設備も新しいほうが有利ですが、築古物件でも大規模修繕をして、室内もきちんと原状回復していれば問題ありません。

どちらかと言えば重視されるのは入居率で、空室が多い物件は安くしてもなかなか売れません。出口を考える際は、なるべく高い家賃で満室にしていくのが重要です。

売却のタイミングを見極める

一般的に売却を検討するタイミングには、いくつかあります。

■建物の状態

その一つに、屋上防水や外壁塗装などの大規模修繕があります。

小ぶりな木造アパートならまだしも、大規模なＲＣ造マンションともなれば何千万円もかかるケースがあります。

その際は大規模修繕にかかるコストと、大規模修繕によって上がる家賃（家賃が上がらない場合もあります）。今後に得られる家賃などを計算して、所有し続けるのがいいのか売却したほうがいいのかを検討する必要があります。

ただし業者視点から言えば、高く売れるのは大規模修繕後です。費用はかかるけれど大規模修繕をして、高く売却するプランもあります。

どのような物件を買いたいのか振り返ってみてください。自分が欲しいと思う物件に近づけたほうが高く売れるものです。

■譲渡税

続いては税務的な理由です。個人所有の場合は、売却益に対して譲渡税が課税されます。

譲渡税は所有期間によって変わります。5年以下（短期譲渡）では40％近い税率となり、5年超え（長期譲渡）では20％となり倍も違います。

このように長期譲渡のタイミングで「この物件は今ならいくらで売れるか」「残債と税金を支払った後の手残りはいくらか」を調べて、高く売れるようであれば売却を検討するのも一手です。

■減価償却

その他、減価償却が終了する時期に売却を検討します。減価償却とは、経年による資産価値の低下を経費として計上することです。不動産投資の場合では「建物のみ」が減価償却の対象となります。

目安となるのは、前述した法定耐用年数です。法定耐用年数22年の木造アパートを築12年で購入したら、残耐用年数は10年となり、建物の価格を10年かけて減価償却していくイメージです。

すると10年後には償却が終わり、経費計上できる費用がなくなります。そうなると、家賃収入がまるまる利益になってしまい（管理費用や修繕費は経費計上できます）、多額の税金がかかってしまいます。

そのため、減価償却が終わったタイミングに物件を売却して、減価償却ができる新しい物件と入れ替えをするケースも多いです。そうすることで、減価償却を上手に利用し続けられます。

私の考えとしては、高い価格で売却できたなら、より新しい物件や資産価値の高い物件に入れ替えてもよいでしょう。また、物件が安定的に収益をもたらしてくれるのであれば、売らずに新たに減価償却のできる物件を購入するのも一手だと思います。

詳しくは税理士などの専門家にご確認ください。

■市況の変化

その他、市況の変化・環境の変化も売却理由になります。

市況の変化で言えば、値段が下がっているタイミングではなくて、高くなっているタイミングを見計らって売却をします。

しかし、こうした状況では物件価格が全体的に高騰しているため、「売却して新しい物件を買う際に、どんな物件が購入できるか」までを考える必要があります。売った物件よりも良い物件が見つからないケースもあるからです。特に都心ほど物件価格が上がっている昨今では、以前に購入した同じ利回りで同様の条件の物件を見つけるのは難しくなってくるでしょう。

市況は自分の思い通りになるものではありませんから、ちょうど良いタイミングで売買するのはなかなか難しいものです。

■環境の変化

続いては環境の変化です。例えば、近隣に大学や工場があり、賃貸ニーズがそこに偏っているエリアで、大学や工場の移転が決まった・・・というタイミングなどです。そうなると、そのエリアで物件を所有していても、これまで通りの収益が期待できなくなる可能性もあるので、空室率が増える前に売り抜くという考え方になります。

通常はこのような事態が発生する前に物件を売却するのがベストです。なぜなら、ネガティブな情報が広まるほど物件の価値が低下するためです。ただし、事前に情報を得るのは難しい場合もあります。

所有し続けるのであれば今後の家賃下落などを含めて、賃貸経営ができるのかを試算します。それでも売ったほうが良いのか検討します。

そして、売ると決めたら物件をキレイに掃除して第一印象を上げる努力をしましょう。

銀行の決済月に合わせての売却も有効です。このタイミングは銀行としても融資のノルマがあり、融資へ積極的になる傾向があります。具体的に言えば上半期の9月と下半期の3月です。この月に融資の実行を目指すなら、8月や2月くらいから売却の準備をします。

売却のタイミングについてアドバイスをするならば、一番高く売れるのは「ご自身が一番売りたくない時・一番いい状態の時」です。

空室が多くなってきたから売却、修繕費用が必要になってきたから売却。このような状況では、購入を検討する人から見てもマイナスな面でしかありません。

次項からは、売却を決めてからの手順をステップで解説します。

売却は売却依頼から

売却を決意したら、まずは不動産業者に相談します。業者に相談する際は、大手の会社、地元の会社、当社のような投資専門会社の3つに話を聞いて比較するのがいいでしょう。

提示される金額が一番正しいのは投資専門会社だと思いますが、地元の管理会社や大手の会社に話を聞けば違った客層もいるかもしれません。その上で、総合的に判断します。

不動産業者に売却を依頼する際の契約方法には、一般媒介・専任媒介・専属専任媒介の3種類があります。

・一般媒介契約／複数の業者と契約でき、売主が買主を見つけても直接契約できる。「レインズ」（不動産業者間の情報ネットワーク）への登録義務はない。販売状況の報告義務もない。
・専任媒介契約／1社のみと契約し、それ以外の会社と契約した場合は違約金が発生する。売主が買い手を見つけて契約は可能。「レインズ」への登録義務は媒介契約締結の後、7日以内。2週間に1回以上、売主へ販売状況を報告義務がある。
・専属専任媒介契約／1社のみと契約し、それ以外の会社と契約した場合は違約金が発生する。売主が買主を見つけての契約は不可。「レインズ」へ登録媒介契約締結の後、5日以内。1週間に1回以上、売主へ販売状況を報告。

※一般媒介・専任媒介・専属専任媒介について詳しく知りたい方は、私の前作『初心者でも「高く」「早く」売る！不動産売却〝成功〟への道しるべ』(ごま書房新社)をご覧ください。

注意点は、媒介契約を取るために相場より高い金額を提示してくる会社があることです。5000万円が相場なのに、「うちなら6000万円で売れますよ」などと言ってきます。

高い金額を提示されると、その会社に依頼したくもなりますが、現実はその価格で売れるわけではなく、「なかなか売れないから」と少しずつ下げていくことになります。ご自身でもサイトなどで同様の物件がいくらで取引されているかをしっかりと確認しましょう。

見極める際には、「買ってくれるお客さんをたくさん抱えているか」「融資が付けられる会社か」という点を重視してください。

ただ、前述したように戸建てや区分マンションだと、一般のお客さん向けにマイホームとして高値で売れる可能性がありますし、有利な金融機関から融資を受けられる買い手なら高値で売れるかもしれません。

どちらにせよ、すぐにわかるものではないのでヒアリングして決めていきます。

売却価格の決定

続いて売却価格を決めます。

基本的に、金額交渉はされるものと考えましょう。

そのため、３０００万円で売りたいのなら、価格設定の際に交渉される分を上乗せします。３１８０万円で利回り８％、３１７０万円で利回り９％台であれば、３１７０万円で売りに出すイメージです。

そうしておけば、問合せが来たときに「指値（値引き交渉）ができますよ」と対応でき、より決まりやすくなります。

とはいえ、中には「残債があって、これ以上は安くできない」という人もいるでしょう。この場合、自分がいくらまで持ち出せるのかを決めます。

例えば、新築区分マンションで毎月赤字を出しているような場合、売却して300万円程度のマイナスが出たとしても、売ったほうがよい場合があります。ずっと所有していても破産するほどのダメージはありませんが、それでも少しずつ首を絞められている状況が続きます。

失敗物件は、売らなければいつまでも赤字を垂れ流します。

300万円程度の損をしても、損切りをして新しい物件を買える状況になったほうが中長期的にははるかに有利です。ただ、それでも物件を持ち続けてしまう人が多くいます。

特に新築区分マンションのオーナーは属性の良いケースが多く、多少のマイナスは給料で補填できてしまいます。危機感を持つのはなかなか難しいですが、少しでも早く売ったほうが良いので、ぜひ売却への一歩を踏み出してほしいと思います。

なお、物件の修繕状況は売却価格に反映しますので、今後に大規模修繕がかかる物件はその分だけ値引きを求められる可能性があります。「大規模修繕が必要である」と業者に伝えたほうが良いでしょう。

逆に、「大規模修繕をしている」「内装リフォームをしている」「新しい設備を付けた」といったプラスになる修繕履歴は、売却に有利になる可能性があるので必ず伝えてください。

「契約不適合責任」に注意！

不動産の売買において、売主が注視すべき重要な点として「契約不適合責任」があります。これは以前の「瑕疵担保責任」と同様に、売主が責任を負う内容です。

従来の瑕疵担保責任が「契約締結前に存在した瑕疵」に焦点を当てていたのに対し、新たな契約不適合責任では「物件引き渡し時までに存在した不適合」が対象となりました。

期間も瑕疵担保責任が「契約までに存在した瑕疵」が対象となるのに対し、契約不適合責任では「物件に引渡し時までに存在した不適合」が含まれます。

また、「隠れた瑕疵」である必要もなくなりました。

買主が瑕疵を知らなかったかどうかは解除の要件として不要になり、瑕疵があった場合、売主へ「修繕を求める」「代替物の引き渡し」「不足分を引き渡し」などを請求できるようになりました。

売主が応じない場合には、催告して代金の減額を求めます。

くわえて、契約の解除についても事前の催告が必要なものの、解除できるケースが増えることも想定されています。

損害賠償については、従来の信頼利益（有効でない契約が成立したと誤信したために生じた損害）だけでなく、履行利益（契約が履行されていれば発生したであろう利益）も対象となり、買主側に有利な印象を受けます。

とはいえ「契約不適合責任」は瑕疵担保責任と同じく任意規定であるとされているので、契約で売主の責任を制限することは可能です。

売却では広告を使った周知が大事

売却の際はネット広告を打つのが一般的ですが、結果は定期的にチェックが大事です。このとき注意すべきなのは、一般媒介だといろいろな業者に依頼できるので、「広告を出して多くの人に広く知らせたいから」という理由で広告を出しすぎると、検索結果に物件情報が過剰に表示され、売れ残りと誤解されてしまう可能性があります。そうなると、売れる物件も売れなくなってしまいます。同じ物件がずらっと並んでいる状況は避けなければなりません。

買いたい人というのは、その物件がいつから売りに出されているのかを質問するものですが、その質問の裏には「長く売れ残っている物件には、何か問題があるのでは？」という懐疑心があります。

　したがって、そう思われないためにも情報を出して反応がなければ、一度広告を出すのをやめたり、金額を変えてみたりとコントロールする必要があります。

　その際にポイントとなるのがアクセス解析です。ポータルサイトであれば、登録している業者はほぼ見れます。


　ただし、それを一般媒介だとそこまでの力を入れるのは難しいため、アクセス解析は専任もしくは専属専任に依頼するのが適切です。

　一般媒介であっても「御社にしか依頼しませんので」とお願いすれば、対応してくれる可能性もあります。大きな物件であれば大手の業者に、小さな物件であれば普通の住居系を扱う業者へ依頼する考え方も一つです。

【戸建ての売却事例】築50年の戸建てで売却益が460万円！

I・Yさん
自営業
（48歳／男性）

物件概要

２０１７年購入／２０２４年2月売却　木造　S52年築　戸建て
エリア：千葉県船橋市／購入金額：３５０万円／売却金額：８１０万円／利回り10・０％
キャッシュフロー：月額６万８０００円／融資：三井住友トラストローン&ファイナンス
融資金額６００万円　期間20年　金利約３・９％

売主のI・Yさんは、自営業のお仕事をされており、不動産投資は10年前からされている中級者といった立ち位置です。物件はアパートを1棟、戸建て5棟お持ちで、一棟アパートに入れ替えたいため、「戸建ての売却をしたい」と相談がありました。これまでは購入ばかり頼まれていたお客さんで、今回ははじめて売却のお手伝いさせていただきました。

I・Yさんはまだコロナ禍の開けていない2022年の夏頃に空室で購入されました。３００万円ほどかけてリフォームをされて２０２３年夏頃には入居者が決まりました。

築年数は50年近くで利回りは10％ほどでしたが、土地の積算価格は売買価格に対して90％ほど出ていました。売主さんは売り急いでいませんでしたので、価格の指値は受けないというスタンスでした。

正直な印象を申し上げますが、この物件は高い土地値が特徴とはいえ、かなり築が古いうえに、土地の形状が旗竿地で接道状況が良いとは言えず、売却まで時間がかかると思っていました。

ところが売り出しから2ヶ月ほどで買付を満額でいただき、売主さんに喜んでいただけました。理由はノンバンクから融資が付いたからです。築年数が古かったので融資期間は20年でしたが、土地の積算価格が高かったこともあり、融資額は売買価格に対して80％出してもらえました。

買主さんはサラリーマンの方で、場所が気に入ったようです。とはいえ、決め手はやはりノンバンクから融資がついたこと。慣れている金融機関なので、融資に関しては特に不安もなくスムーズに進められました。

結果、売り出しから3ヶ月で引き渡しまでできました。リフォームに300万かけてますが、キャピタルゲインは460万円です。

【区分マンションの売却事例】自己使用のマンションを好条件で売却

K・Mさん
サラリーマン
（46歳／男性）

物件概要

２０１８年購入／２０２４年４月売却　ＲＣ造６階　Ｓ60年　区分マンション
エリア：千葉県千葉市／購入金額５２０万円／売却金額：６００万円／利回り11・79％
キャッシュフロー：月額５万１０００円／融資：千葉興業銀行　融資金額５２０万円　期間15年　金利約１・45％

売主のＫ・Ｍさんはサラリーマン投資家さんです。すでにアパートを2棟お持ちで、家賃年収は７２０万円あります。過去に何件かアパートの売却をさせていただいております。

普段行っている投資は資産価値重視ですが、この物件は当初自己使用で購入されていました。後に賃貸へ出された区分マンションの売却です。

なんでも「勤務先が変わり自分で使わなくなったので売却したい」とのことでした。延べ床面積は25㎡とそこまで広くありませんが、3点ユニットバスではありません。駅から8分と場所が良かったのと、これまで自己使用をしていたため空室ということもあり、自己使用目的（実需目的）と、賃貸に出す投資用として、両方の方面での売却を提案しました。そして売却活動と同時進行で、賃貸の募集も開始しました。

ほどなく、近所に住んでいる自己使用目的の方より、指値ありの買付をいただきました。そのため賃貸募集をストップし、契約に向けて進めました。しかし、購入申込のお客さんよりドタキャンがあり、また振出に戻りました。どうやら家族に反対された模様です。

その後、希望条件で入居者が決まったため、今度は価格を一切下げないことを条件に再度、販売開始。少し時間がかかりましたが、近くで投資用に区分マンションを探している方より満額の買付をいただき、無事成約となりました。

買主さんはやはりサラリーマン投資家さんで、駅から近い好立地の区分マンションを首都圏中心に購入されているようです。条件にぴったりということで満額買付になって何よりです。

売主さんは現金で購入されたため、契約から決済・引き渡しと非常にスムーズに行うことができました。買主のK・Mさんも自己使用ということで、これまで利益はなかったのですが、売却時にキャピタルゲインを80万円得ることができて、とても喜んでいただけました。

【一棟物件の売却事例】築30年でもフルローンがついて満額売却に！

T・Fさん
会社員
（43歳／女性）

物件概要

２０１２年購入／２０２２年売却　S造　H7年築　マンション
エリア：神奈川県相模原市／購入金額１億２６００万円／売却金額：１億３８００万円／利回り９％／キャッシュフロー：月額１０３・５万円
融資：信用金庫　融資金額１億３８００万円

T・Fさんは大手企業にお勤めのサラリーマンです。不動産投資歴は15年、もともとは戸建てを購入されていましたが、途中から一棟マンションを中心に購入されています。

この物件は２０１２年に購入されました。10年間所有されて、「古くなってきたので、もうそろそろ売りたい」となり、ご相談いただきました。売り出しの利回り９・２％は相場で、特に高くもなく安くもない金額です。

ただし、築年数が30年くらい経っているし、積算評価も高くはないため、すぐに売れる物件ではないと思っていました。ところが、意外にも購入者がすぐ現れたのです。

買主さんはサラリーマンの方で、この物件が1棟目にあたるようです。融資はサラリーマン向けの地方銀行を使っており、「ローンが付くなら買いたい」とのことでした。1棟目を買う方にとっては非常に使いやすい銀行で、この物件はその地方銀行の条件に合っていたのです

もちろん、1棟目であれば「誰にでも、どんな物件に出す」というわけではなくて、投資家さんの属性にも条件があり、物件の評価も必要です。担当の営業マンは、物件がこの銀行に合うことを見越して売りに出していました。

この物件に対する私の印象は、特別に良くもなく悪くもなく、私にとってもはお馴染みの物件です。というのも私は投資物件を取り扱う営業マンとして25年。昔も今もずっと平成元年前後の物件を扱っています。20年経っても同じものを扱っているわけです。今回の物件も、私にとってはよく扱うタイプの物件です。

実際、常に「あれ？　これ昔に売った物件だ！」「これ2回目だ」ということが起こっています。

物件自体はどんどん古くなっていますが、利回りの相場は昔より下がっていますので、相場で売るにしても昔より高く売れます。私から見ると「これで売れるんだ〜」というズレがあったりするので、実務は営業が行っています。

おわりに

本書を最後までお読みいただきまして誠にありがとうございます。

ここで、不動産投資から少し離れますが、私の人生の軸になっている言葉をご紹介します。


「明日やろうは馬鹿野郎」

「仕事も遊びも一生懸命」

「やったことない事やってみよう」

「やりもしないのに無理って言うな！」


今できるなら明日ではなく、「今」したほうがいいですし、遊びであれ仕事であれ、何事も全力で取り組んでいきたいと考えています。

そして、限られた人生だからこそ、自身の経験を増やしていきたい。そのためにも、やったことのない経験を年に一つはしていきたいのです。

これらの言葉は、まず自分自身に言い聞かせています。そして実際に、こうした言葉が常に私の背中を押し、そこからチャレンジをして、新たな世界の扉を開かせてくれました。


個人的な話ですが、仕事の前後に週2日以上行っている趣味のサーフィンが興じ、人口波の施設でなんと世界ランカー（日本人では3位）にまで辿り着きました。

日本ではまだ馴染みが薄いかもしれませんが、「シティウェーブ」という波が立つプールでの競技で、賞金がかかった世界ツアーも行われています。これから世界中でどんどん盛んになっていく注目のスポーツです。

プロのいる世界で、仕事をしながら趣味で行っている不動産会社の経営者でも世界ランキング入りできたのは、やはりあきらめずに挑戦し続けていたからだと思います。

来年はサハラ砂漠マラソンにチャレンジする予定です。

本書でお伝えしてきた不動産投資は、様々な目的を叶えるための最適なツールではありますが、目的がお金だけになってしまうと本当の幸せは掴めません。

読者の皆さんも「不動産投資をすること」に前のめりになり過ぎず、「何のために不動産投資をしているのか」を常に行動の指針にして歩んでください。

そして成功をおさめ、やりたいことができる人生、本当に幸せな人生を歩んでいただけたらと願っています。

最後に本書の執筆にあたり、お世話になった方々に謝辞を述べたいと思います。

第1章から第7章まで、事例として紹介させていただいた投資家の皆さん、本書へのご協力ありがとうございました。

貴重なアドバイスや経験談をお話しいただいた、松田淳さん、芦沢晃さん、中島亮さん、取材のご協力ありがとうございました。

日ごろ交流をさせていただいている著者の皆さんや、「サーファー大家の会」の皆さん、いつもマイペースな私についてきてくれるクリスティ・富士企画のスタッフ、いつも陰で私を支えてくれている父にも感謝を捧げます。

また、今回も本書出版の全てを取り仕切ってくれた夢パブリッシングの大熊さん、編集協力をしてくれた布施さん、発売元のごま書房新社 池田社長にも感謝しております。

それから、最後まで読んでくださった読者の皆さんに、もう一度お礼を言わせてください。本書を手に取っていただき、本当にありがとうございます。

2024年7月 日本人と外国人で大混雑している成田空港出発ロビーにて

新川 忠義

著者 新川義忠 の活動紹介！
【（株）クリスティ、富士企画（株）代表】

「クリスティ&富士企画 主催　不動産投資セミナー」

毎月、大宮のクリスティと富士企画の社内セミナールームや近辺会場で、不動産投資に役立つ様々なテーマをピックアップしてセミナーを開催しております。どなたでも参加できますのでぜひお気軽に足をお運びください。
テーマ例：物件購入、物件売却、融資、空室対策、税金対策、相続…ほか
【直近の開催（2024年7月）】
クリスティ（大宮）「はじめての物件購入・失敗しないための3つのポイント」
◇セミナー詳細　https://www.christy.co.jp/
富士企画（四谷）「投資物件の上手な売却戦略（初心者向け）」
◇セミナー詳細　https://www.fuji-plan.net/

【不動産投資 クリスティ&富士企画公式チャンネル】

youtube.com/c/fujikikaku-christie　※YouTube検索→「富士企画」

不動産投資・個別相談（無料・随時受付）

この個別相談の目的は不動産投資に興味をもっているお客様に対して不安や疑問を解消して頂き、失敗しない不動産投資を実現して頂くためのサポートです。この個別相談により多くの大家さんが誕生し、規模を拡大させ、トラブルを解決されています。不動産投資に関する疑問は何でもお気軽にご相談ください。（以下のような行為は一切行いません。自分だったら絶対にしないような資金計画のアドバイス、強引なセールスや売り込み、悪いことを伝えるべきなのに良いことばかり強調する）

個別相談へのお問い合わせ・お申込み
https://www.christy.co.jp/consultation/

著者略歴

新川 義忠（しんかわ よしただ）

株式会社クリスティ代表取締役、富士企画株式会社代表取締役。

1972年、福岡県生まれ。不動産投資専門会社でトップ営業マンとして実績を挙げた後、2012年に独立、東京・四谷に富士企画（株）を設立。2016年より老舗不動産会社である株式会社クリスティの代表を兼任。サラリーマンから地主さん、プロ投資家まで様々な案件にて、現在までに約5000件の物件売買に関わる。「投資家目線でのアドバイス」「すぐには売らないスタイル」の人柄が信頼を呼び、著名大家さんも含めファンが多い。その手腕が話題となり、日本テレビ、TBSなどの人気番組への出演、FMラジオレギュラー番組ほか、メディアからの取材実績多数。

著書に『不動産投資を始めて"ワクワク人生"を歩もう！』『初心者でも「高く」「早く」売る！不動産売却"成功"への道しるべ』（共にごま書房新社)、『万年赤字物件を驚異の高値で売る方法』（幻冬舎）など累計9作。趣味はサーフィン（「シティウェーブ」世界ランキング入り達成)、滝行、社内や自己物件のDIYほか幅広い。

●Facebook【新川義忠】 http://www.facebook.com/yoshitada.shinkawa
●株式会社クリスティホームページ https://www.christy.co.jp/
●富士企画株式会社ホームページ http://www.fuji-plan.net/
●新川義忠インスタグラム @surfrider.yoshio

成功事例から学ぶ！

不動産投資"1棟目"の買い方

著　者	新川 義忠
発行者	池田 雅行
発行所	株式会社 ごま書房新社 〒167-0051 東京都杉並区荻窪4-32-3 AKオギクボビル201 TEL 03-6910-0481（代） FAX 03-6910-0482
企画・制作	大熊 賢太郎（夢パブリッシング）
カバーデザイン	堀川 もと恵（@magimo創作所）
DTP	海谷 千加子
編集協力	布施 ゆき
印刷・製本	精文堂印刷株式会社

© Yoshitada Shinkawa, 2024, Printed in Japan
ISBN978-4-341-08862-0 C0034

役立つ
不動産書籍満載

ごま書房新社のホームページ
https://gomashobo.com
※または、「ごま書房新社」で検索

ごま書房新社の本

〜 不動産高騰の今がチャンス 〜

初心者でも「高く」「早く」売る！ 不動産売却“成功”への道しるべ

株式会社クリスティ 代表取締役
富士企画株式会社 代表取締役 新川義忠 著

大好評！ Amazon 1位！
（アパート経営カテゴリー）
TVで話題の不動産社長8作目！

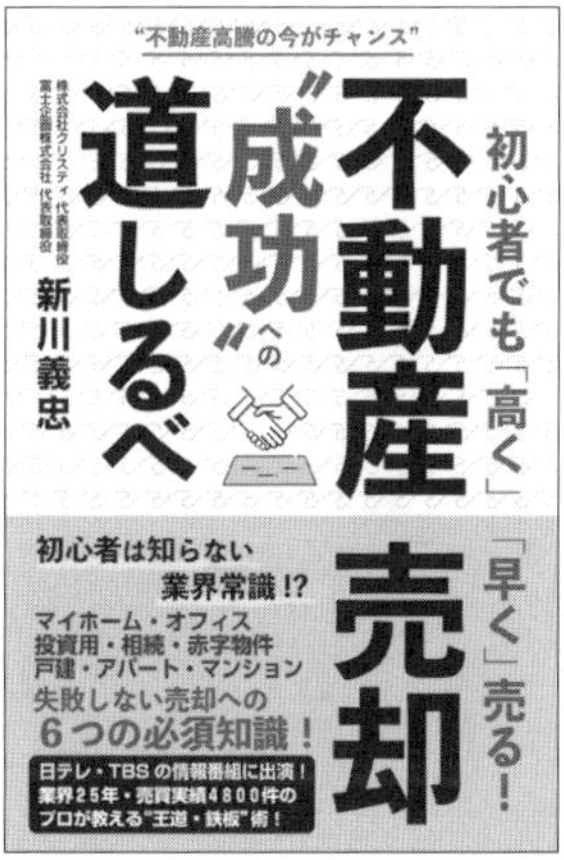

【「不動産高騰」の“いま”が売却のチャンス！ はじめての売却もスムーズに】
マイホーム・オフィス・相続・赤字物件・戸建・アパート・マンション…etc。業界25年の頼れる著者が、初心者でも上手に物件を売る方法、失敗しやすい点のリカバリー、高値の導き方をアドバイスします！「大手」「老舗」「地元」の看板だけを信頼した売却は失敗が多いものです。騙される前に本書で「業界の常識」を学んでください。

定価1870円（税込） 四六判 200頁 ISBN978-4-341-08840-8 C0034

ごま書房新社の本

～ 老後資産退職金運用に！ 初心者向けお任せしてほったらかし！ ～

世界一安心な “米国債・ドル建て社債” の教科書

YouTube【お金の学校】のとチャン先生
ファイナンシャルプランナーCFP®
能登 清文 著

大反響3刷！ Amazon 1位！
米国債・ドル建て社債 初心者から大反響！

元モルガン銀行東京支店長／経済評論家
『藤巻健史』氏も絶賛！
『超インフレ時代！
未来を託すのは〝米ドル資産運用〟
が賢い選択となった』

【いまがチャンス！のとチャン式債券運用術】

債券は満期まで持てば額面で戻ってくる、日本人の好きな「元本保証」に近い側面もある金融商品です。使っても元本が減らない「利息収入」であれば、趣味や娯楽、旅行などの楽しみに気兼ねなく使えます。
老後生活がより豊かになり、ひいては日本経済も活気づくと思います。

●普通預金年利0.002%よりお得に資産運用！
●満期時額面保証・途中解約可能な安心システム！
●老後資金・退職金運用・事業資金・貯蓄に！

定価1760円（税込） 四六版 148頁 ISBN978-4-341-08845-3 C0034